RODRIGO SCHULER
HONÓRIO

Joaquina & Leonhard

EDITORA
Labrador

Copyright © 2021 de Rodrigo Schuler Honório
Todos os direitos desta edição reservados à Editora Labrador.

Coordenação editorial
Pamela Oliveira

Preparação de texto
Iracy Borges

Assistência editorial
Larissa Robbi Ribeiro

Revisão
Marília Courbassier Paris

Projeto gráfico, diagramação e capa
Amanda Chagas

Imagem de capa
Aquarela de Rogerio Mendes

Dados Internacionais de Catalogação na Publicação (CIP)
Jéssica de Oliveira Molinari - CRB-8/9852

Honório, Rodrigo Schuler
    Joaquina & Leonhard : origem da família Schuler em Pernambuco no século XIX / Rodrigo Schuler Honório. – São Paulo : Labrador, 2021.
    134 p : color.

    ISBN 978-65-5625-173-8

    1. Schuler, família – História 2. Schuler, família – Genealogia 3. Brasil - História I. Título

21-3429   CDD 929.2

Índice para catálogo sistemático:
1. Schuler, família – História

EDITORA Labrador

Editora Labrador
Diretor editorial: Daniel Pinsky
Rua Dr. José Elias, 520 — Alto da Lapa
05083-030 — São Paulo/SP
+55 (11) 3641-7446
contato@editoralabrador.com.br
www.editoralabrador.com.br
facebook.com/editoralabrador
instagram.com/editoralabrador

A reprodução de qualquer parte desta obra é ilegal e configura uma apropriação indevida dos direitos intelectuais e patrimoniais do autor.

A Editora não é responsável pelo conteúdo deste livro. O autor conhece os fatos narrados, pelos quais é responsável, assim como se responsabiliza pelos juízos emitidos.

Agradecimentos

À esposa Sarah, pela ajuda e revisão no texto.

Ao filho Joaquim, pelas dicas cortantes e certeiras.

A meu pai Joaquim, de quem herdei o entusiasmo pela história da família e a curiosidade pelos caminhos que nos trouxeram até aqui.

Aos primos Flavio Pietrobon Costa e Elisa de Souza Schuler, que aceitaram a missão e contribuíram, com muito sentimento, na confecção deste texto.

Flavio Schuler da Rocha (*in memoriam*), prestimoso nas pesquisas sobre a história do Recife e da família.

Simone Rocha, essencial na pesquisa dos periódicos antigos.

Aos primos Maria Elisa Borba Schuler, Luis Eduardo Pereira Schuler (*in memoriam*), Fernanda Rangel Schuler, Ligia Gayão, Marisa Carneiro Schuler, Orlando Schuler de Lucena, Fernanda Villarouco, Vilma Villarouco (*in memoriam*) e Alessandra Werson, por meio dos quais agradeço a todos os familiares que me ajudaram e que ainda me ajudam a construir nossa árvore genealógica e a conhecer melhor a nossa história.

Dedico a meu avô Leonardo de Moraes Schuler, com quem desejei compartilhar cada desafio e cada descoberta nesta jornada.

E a Carlos Emílio Schuler (Carlito), que entre março e abril de 2020 foi desafiado pela covid-19. Venceu, aos 104 anos.

Apresentação

O texto a seguir sintetiza algumas respostas a uma sempiterna curiosidade: de onde? Como? Quando? Por quê?

As informações sobre a família provêm de fontes documentais, quase todas públicas, além de histórias ouvidas ao longo de décadas, principalmente em conversas com meu avô, Leonardo de Moraes Schuler, e, permitam-me, de alguma imaginação minha.

A ideia inicial de confeccionar uma árvore abrangendo todos os descendentes de Leonhard Schuler e Joaquina Januária dos Santos Aguiar teve início há cerca de cinco anos. Ao longo destes últimos anos venho sistematicamente importunando todos os familiares que consigo, dos mais próximos aos mais distantes. Embora por vezes constrangido, foi uma tarefa muito prazerosa, que me permitiu conhecer muitos parentes. A árvore genealógica, nesse sentido (os numerosos descendentes já na quinta, sexta e talvez sétima gerações), ainda não está conclusa, embora bem avançada.

Em relação ao citado casal e seus descendentes mais próximos, o caminho parecia mais fácil. Pesquisas e compilações feitas no fim do século XX por José Maria Schuler e Carlos Emílio Schuler, primos de meu avô, todos eles bisnetos, já incluíam o casal e seus filhos Leonhard, Rufino e Maria Henriqueta. Apenas parecia fácil. Novos e surpreendentes achados trouxeram mais luz a tudo o que já sabíamos. Havia duas filhas a mais, uma delas com vasta prole.

As descobertas ao longo das pesquisas e a vontade de compartilhá-las com meus familiares me estimularam a começar a contar este pequeno e peculiar pedaço da nossa história.

Há ainda muito a descobrir. A cada resposta surgem muitas perguntas instigantes, e os leitores deste texto perceberão o quão mais poderemos descobrir em investigações adicionais. O texto não é profissional. O autor não é escritor, historiador ou genealogista, apenas um curioso com desejo de descobrir a própria história. Mãos à obra!

Rodrigo Schuler Honório,
Fortaleza, setembro de 2021

Sumário

1. Primeiros indícios (a chegada?) 11
   Em colaboração com Flavio Pietrobon Costa
2. Casamento e trabalho 19
3. Os filhos e um acontecimento muito triste 29
4. Maria Salomé Alexandrina 35
5. Leonardo (filho) 43
   Em colaboração com Elisa de Souza Schuler
6. Maria Henriqueta 65
7. Rufino 69
   Em colaboração com Flavio Pietrobon Costa
8. Maria Antônia 83
9. Epílogo 87
10. Novos achados: de volta ao passado 91
11. Árvore genealógica 95
12. Bibliografia consultada 119
13. Fotografias 129

1
Primeiros indícios (a chegada?)
Em colaboração com Flavio Pietrobon Costa

Quando a tripulação do brigue (Figura 1) *Princesa Caroline Amélia* vislumbrou a cidade de Hamburgo, após viagem iniciada no Recife em 30 de julho de 1842, deve ter percebido o estrago que o incêndio fez à cidade. Foram quatro dias ininterruptos de fogo entre 4 e 9 de maio daquele mesmo ano, que destruiu um terço das construções da cidade alemã (Figura 2) e desalojou cerca de metade de sua população, estimada em 140 mil pessoas. Boa parte das construções tinha como base a madeira, com estilo enxaimel ainda muito popular, o que, entre outros fatores — como o serviço insuficiente contra incêndio e a tecnologia inadequada no bombeamento de água —, facilitou a devastação[1].

Figura 1 — Exemplo de brigue, veleiro antigo de pequena tonelagem que arma dois mastros de galera (traquete e grande) e gurupés com seu velame.

Figura 2 — Daguerreótipo de Hermann Biow; cidade de Hamburgo após o incêndio. O daguerreótipo fora criado apenas três anos antes; esta imagem do incêndio é considerada a primeira fotografia publicada da imprensa, na recém-criada revista *Illustrated London News*. Imagem em domínio público.

Três meses após a grande tragédia, também deve ter se admirado com a movimentação ágil da cidade no processo de reconstrução, que envolveu novas políticas públicas de saneamento, proteção contra incêndios, organização de um novo plano urbanístico e necessidade de expropriação. Além do transporte regular de mercadorias e eventualmente passageiros, havia ainda uma missão especial naquela viagem. A tripulação tinha a nobre tarefa de entregar ao senado de Hamburgo uma ajuda financeira recolhida no Recife e transformada em moedas de prata para a doação. Entre os doadores que assinaram a subscrição, um total de 89, havia 62 de sobrenomes germânicos (eram a maioria), britânicos, franceses ou holandeses. Esse fato nos mostra a relativa importância da população estrangeira europeia no Recife em meados do século XIX, com presença relevante no comércio e em ofícios especializados.

Dados do primeiro censo nacional detalhado[2], realizado trinta anos depois, em 1872, mostram Recife com 116 mil habitantes. Era a terceira cidade do país em população, depois da então capital do Império (Rio de Janeiro) e a antiga capital da Colônia (Salvador). São Paulo, para efeito de comparação, possuía 31 mil habitantes naquele ano, menos do que Caruaru, com seus 56 mil habitantes. O Estado de Pernambuco possuía população de 828.095, com 13.444 estrangeiros natos. Em ordem decrescente, havia 6.646 portugueses, 5.414 negros africanos (2.330 deles livres), 327 italianos, 292 franceses, 217 ingleses, 199 espanhóis, 68 paraguaios e apenas 27 suíços, entre outras nacionalidades menos frequentes.

O valor doado decerto não teve impacto expressivo em relação ao prejuízo estimado, cerca de 20 milhões de marcos à época, considerando ainda que quantias vultosas de dinheiro foram oferecidas por nações amigas. A oferta, no entanto, naturalmente teve um valor simbólico importante para aqueles que a fizeram, revelando altruísmo e, talvez, laços familiares ou fraternais para com aquela República, eventualmente um sentimento de "europeidade". Nesse ponto, em 1842, talvez apareça pela primeira vez o "nosso" Schuler no Brasil. Com a doação de 10 réis, a menor quantia entre valores que variaram entre 10 e 200 réis, consta na lista um "L. Schuler". A rigor, não é possível afirmar com toda a segurança que se trata de Leonhard Schuler, mas os indícios nos permitem apontá-la como uma boa hipótese. Observamos esse nome nos jornais a partir de então, por vezes apenas o "L." e por vezes o "Leonardo" antes do sobrenome. Além disso, não há, anterior ou posteriormente, ocorrência de outro Schuler cujo prenome se inicie com a letra L.

Do porto de Hamburgo saíram, rumo às Américas, milhões de migrantes europeus nos séculos XIX e XX, sobretudo da Europa central e do leste. É possível que de Hamburgo tenha partido L. Schuler, talvez pouco tempo antes do grande incêndio, com tenros 22 anos (mais adiante falaremos sobre a idade). O motivo da migração ainda não conhecemos. Dentro do contexto da época, com a Europa vivendo um incremento populacional nunca antes visto, com a revolução industrial provocando mudanças profundas nas relações de trabalho, além de frequentes e constantes conflitos religiosos e militares entre os vários principados, reinos e repúblicas, podemos especular sobre as razões de sua vinda. Busca por trabalho (fazer a América)? Fuga de algum conflito ou perseguição? Razões de natureza pessoal ou questões familiares?

Muitas vezes a tradição familiar, passada pela história oral, colabora para elucidar algumas lacunas na história da ancestralidade que não esteja documentada. Recomenda-se, contudo, que essa oralização da história de famílias e clãs seja checada com indícios presentes em documentos e jornais, validando ou ajustando as informações obtidas da memória (via tradição oral) dos mais velhos. É parte da natureza humana moldar, ou modificar, na maioria das vezes não intencionalmente, as histórias de pais e mães, avôs e avós, para contornar ou não lembrar de traumas ou tentar poupar dores às gerações mais novas.

Fontes orais de um dos ramos dos Schuler, aquele de Rufino Schuler (Capítulo 7), que vem a ser filho do imigrante L. Schuler, contam que teriam vindo dois irmãos para o Brasil, um deles o próprio Leonhard Schuler, acompanhando amigos, em busca da realização de oportunidades de trabalho, dadas as dificuldades reinantes na Europa de então, com início de fomes e ocorrência de revoltas de grande magnitude, como a fome irlandesa dos anos 1840 (séc. XIX) com 1 milhão de mortes e, antes disso, a fome nos anos 1816-1817 na Suíça, ocorrida após o declínio de Napoleão e em meio a uma atroz crise econômica e climática. Esse contexto contribuiu para as primeiras experiências oficiais de migração para o reino do Brasil, organizadas e patrocinadas pelos estados envolvidos e culminando na fundação de colônias como a de Nova Friburgo, no Rio de Janeiro[3].

O medo da fome, ou, em suas próprias palavras, o "medo de faltarem as batatas"— como contava Flávia Matilde Catão Lopes Schuler, esposa de Rufino —, teria sido o motivo da vinda do pai dele para o Brasil. Flávia falava e sorria, comemorando a vitória da superação das dificuldades, sentada em sua poltrona na varanda da casa, no meio da tarde, após sua sesta, de onde saudava e era saudada pelos vizinhos, e de onde conversava com passantes conhecidos.

Terá realmente vindo acompanhado de um irmão e amigos, conforme recordações da nora? Ou sozinho, como boa parte dos migrantes? Encontramos um "J. A. Schuler", natural de Hamburgo, chegando ao Recife em fevereiro de 1843. Um "João Augusto Schuler" surge nos jornais negociando "carvão de pedra" em 1847 e novamente em 1859 e 1860, na lista de ferreiros situados na região do Brum. Não encontramos relação de parentesco entre João Augusto e Leonhard na primeira publicação que mostra toda a família deste último em 1882 (Capítulo 2). Talvez fossem parentes mais distantes que migraram juntos. Creio ser mais provável apenas uma coincidência de sobrenomes. Para essa opinião, também corrobora uma das histórias de família que ouvi. Essa história pode se revelar um pequeno trauma, talvez, prestes a completar 180 anos.

Contava-se que Leonhard Schuler, quando chegou da Suíça, soube ou viu por acaso um estabelecimento comercial de certo "Hans Schuler". Entrou para conhecer um possível conterrâneo de mesmo sobrenome. Ao solicitar falar com o dono do estabelecimento, teria ouvido a resposta pouco receptiva do Hans, que estava em outro cômodo e não visível: "Se for para emprego, aqui não tem!". Acabou saindo chateado e sem encontrá-lo naquele dia. Meu avô dava a entender que o Leonhard da história seria o filho homônimo de nosso migrante original (ver Capítulo 5 e descendência descrita a seguir). Procurando pelos envolvidos, achei apenas um Hans Schuler que chegou da Suíça, mas já no século XX. Ora, o outro possível Hans Schuler contemporâneo de um Leonhard Schuler, a meu ver, é o próprio João Augusto Schuler já citado, com nome aportuguesado por conveniência, para facilitar negócios no Recife. Sobre a vinda com um possível irmão, citado pela nora, ainda não encontramos pistas.

Somente em 1849 tivemos novas evidências de Leonhard Schuler, com um anúncio de João Keller & Companhia deixando como procuradores na praça do comércio: "Leonardo Schuler, C. A. Rordorf e A. Schlappriz". Curiosamente, um "J. Keller" estava na mesma lista de doadores à República de Hamburgo, sete anos antes. O terceiro procurador listado poderia ter alguma relação de parentesco com o suíço Luis Schlappriz (Figura 3), desenhista e litógrafo que mais tarde, em 1863, juntamente com o litografista e gravador alemão Franz Heinrich Carls, editou o famoso álbum *Memórias de Pernambuco*, com 33 imagens da cidade.

Figura 3 — Uma parte da rua D'Aurora e da Ponte de S. Isabel (tirada do Jardim do Palacio); gravura (1863). Desenhista: Luis Schlappriz. Gravador: Franz Heinrich Carls.

Tenha sido por volta de 1842 (minha aposta) ou de 1849, o período da migração é compatível com a história contada por meu avô, agora sei que com uma boa dose de aproximação, de que Leonhard Schuler chegou ao Recife juntamente com as famílias Lundgren (sueca) e von Sohsten (holandesa). Pesquisando em genealogias dessas duas famílias (o que me rendeu um encontro emocionante), verificamos que chegaram ao Brasil, respectivamente, em 1855 e em 1841.

Em sua chegada, temos um vislumbre da imagem que Recife pode ter causado ao jovem Leonhard. À mesma época, em viagem pelo Brasil entre 1839-1842, o jovem pastor norte-americano Daniel Kidder passou por Recife e mais tarde publicou suas impressões. Segundo a historiadora Mary Del Priori[4]:

> [...] a cidade lhe pareceu singular, pois, assentada ao nível do mar, vista de longe, parecia estar mergulhada nas ondas. Seus prédios, muito mais altos do que os que vira em outras capitais, eram originais. Em comum com o Rio de Janeiro, a sujeira por toda a parte. Só a chuva lavava as ruas [...] Terceira capital do Brasil, Recife tinha, então, dezessete igrejas e capelas, dois mosteiros, três recolhimentos, seis hospitais, entre particulares e públicos, um teatro, o palácio do governo, a alfândega, a

cadeia, arsenais da marinha e três quartéis militares. Já havia um liceu, duas escolas de latim e sete primárias.

A partir daí, as informações e os anúncios nos jornais começam a se multiplicar. Em outubro de 1850, Leonhard Schuler mais uma vez é nomeado procurador (responsável pelos negócios) de um Manoel Maximiano Guedes. A princípio, me pareceu apenas mais uma relação profissional. No entanto, ao desatar um dos vários nós desta história, descobri que não (esclarecimentos no Capítulo 3).

2

Casamento e trabalho

Um documento de abril de 1850, que considero o mais valioso para esta história, é bastante revelador. É o registro de casamento entre Leonhard Schuler e Joaquina Januária dos Santos Aguiar, celebrado na Igreja Matriz da Boa Vista (Figura 4). Esse documento foi visto e parcialmente transcrito por José Maria Schuler (bisneto do casal) em 1992, e gentilmente mostrado a mim por sua filha Ligia Gayão em 2015. Pretendo ainda ver o documento original pessoalmente. Nele, é curioso notar um dos prosaicos "motivos" da união religiosa e, para mim, a pouco esclarecida ligação do noivo com a Igreja católica. Abaixo, alguns excertos da transcrição, com algumas interrupções justificadas pela dificuldade do entendimento do texto original:

> [...] o suplicante é protestante e a suplicante é católica romana. As causas que apresentam para se efetuar este matrimônio são as seguintes: reside o suplicante há 8 meses em casa da mãe da suplicante, por esta razão deixando-se de efetuar-se ficará a suplicante de alguma forma infamada, o que cumpre evitar [...].
> [...] o suplicante nada tem [...] o ordenado de caixa de uma casa de comércio, a suplicante também nada possui [...] foram dispensados os proclamas [...].

Neste ponto, podemos supor que Leonhard era funcionário na casa de comércio de João Keller ("João" provavelmente é aportuguesamento). Vimos que já habitava a casa da noiva há alguns meses e tinha poucos recursos. Sigamos:

> [...] termo de assentamento — Leonhard Schuler, branco, solteiro, idade de 30 anos, natural da Suíça e morador desta freguesia, vive de negócios, depois de ser tomado o juramento dos santos evangelhos, em que foi de sua mão direita, e sendo perguntado pelos quesitos do despacho de sua Excelência Reverendíssima, disse que fora batizado pelo rito católico na igreja de São Paulo da cidade de Basiléia e que no citado ato fora na igreja de São Leonardo ratificar o batismo, rezou o credo e pos a mão do livro dos evangelhos, e disse mais que não proibiria em tempo algum o livre exercício da religião católica apostólica romana à sua futura consorte e a futura prole na qual deve ser educada [...].

No trecho acima, destacam-se algumas informações importantes: conhecemos sua idade (30 anos) e o provável ano de nascimento (aproximadamente 1820), sua origem (Suíça) e a provável (mais tarde confirmada) cidade natal (Basileia, ou Basel, na tríplice fronteira entre Suíça, Alemanha e França).

Figura 4 — Praça da Bôa Vista; gravura (1863). Desenhista: Luis Schlappriz. Gravador: Franz Heinrich Carls. Imagem da Igreja treze anos após o casamento.

Outra questão intrigante é a menção inicial de ser protestante, o que era comum na Suíça de então. Dados do primeiro censo nacional suíço[5], realizado em 1850, mostraram 40% de católicos e 59% de protestantes, em uma população total de 2.190.258. Considerando-se apenas a cidade de Basel, a proporção de protestantes era bem maior, perfazendo 81%. Em relação à informação relatada pelo noivo de que fora batizado pelo rito católico, terá sido apenas um relato conveniente para a ocasião? José Maria Schuler, infelizmente, não transcreveu os dados referentes à noiva, relatando que poderiam ser consultados posteriormente. Como já exposto aqui, não consegui ainda ler o documento original, mas por felicidade outras descobertas me permitiram saber mais sobre Joaquina Januária.

Antes de continuar do ponto de vista cronológico, devo fazer um parêntese a respeito do achado que me deixou bastante intrigado durante a pesquisa. Uma nota de jornal de 1882 (32 anos após o casamento) convidando para a missa de sétimo dia de Marcelina Angélica dos Santos Aguiar (em negrito destaquei as informações que me surpreenderam):

> **José Marques dos Santos Aguiar**, Anna Luiza Pontual Aguiar, José dos Santos Aguiar, L. Schuler, L. Schuler Junior e Eliza Schuler (ausentes), **João Salustiano, Maria Salomé Alexandrina Schuler**, Rufino Schuler, Maria Henriqueta Schuler, **e Maria Antônia Schuler** agradecem cordialmente [...] **de sua muito prezada mãe, avó e sogra** [...].

Depois de meses de uma intensa curiosidade, consegui compreender toda a história contida nesse convite. Marcelina era, sem dúvida, mãe de Joaquina Januária e sogra de Leonhard Schuler (ver quadro do capítulo seguinte). O nome de seu filho e irmão de Joaquina, José Marques dos Santos Aguiar, entrega esse fato. Intrigante é a falta do esposo e da filha Joaquina: onde estariam? Surpreendente também foi o surgimento de nomes até então completamente desconhecidos, conforme citei na Apresentação: João Salustiano, Maria Salomé Alexandrina Schuler e Maria Antônia Schuler. Entendi que as duas últimas eram filhas do casal, mas e João Salustiano? L. Schuler Junior era o filho (que se acreditava) primogênito e Eliza, a sua esposa (a ausência é explicada no Capítulo 5). Anna Luiza Pontual Aguiar e José dos Santos Aguiar eram esposa e filho do irmão de Joaquina.

Joaquina Januária dos Santos Aguiar era filha de Marcelina Angélica de Castro Aguiar. Desta, a primeira notícia que temos data de 1837, numa petição ao inspetor geral de obras a respeito dos limites de seu sítio. Nesse requerimento publicado em jornal, podemos presumir a época da origem desta propriedade (grifo meu): "[...] D. Marcelina Angelica de Castro Aguiar, Proprietaria de um sitio na extrema das estradas do Rozarinho e Aflictos, a fim de que a vista, do que Ella representa faça guardar na 1ª das ditas Estradas o mesmo alinhamento, e cordeação que lhe foi dada *no tempo do General Luiz do Rego* [...]".

O general citado, de triste recordação para o povo de Pernambuco, governou a província entre 1817-1821. Chegou para debelar a revolução republicana. Como esta já estava nos estertores, concentrou-se em perseguir e punir com violência desproporcional os revoltosos[6]. Nas palavras do escritor Paulo Santos de Oliveira:

> [...] Criou um tribunal militar para julgar patriotas — pacíficos homens de bem, na maioria — com ritos sumários; e logo enforcá-los; esquartejar seus corpos, que eram atados em caudas de cavalos e arrastados pelas ruas; e expor suas cabeças e mãos nas vias públicas. Profanou cadáveres, mandando arrancá-los dos túmulos. Permitiu que seus oficiais violassem abrigos religiosos e estuprassem as jovens e senhoras lá albergadas. Castigou os habitantes do povoado de Mimoso, mandando arrastar todos eles à força, para o Recife. Ordenou a destruição de outra povoação inteira, Rodeador de Bonito, que se ajuntara em torno de um pregador místico, o Mestre Quiou, fuzilando e queimando vivos seus habitantes [...].

Como se vê, o sítio estava na família desde, pelo menos, entre 1817-1821, e esse período ainda estava justificadamente bem vivo na memória dos pernambucanos, a ponto de ter sido usado publicamente por Marcelina como referência.

O local (Figura 5) corresponde atualmente ao cruzamento entre a avenida Conselheiro Rosa e Silva e a rua Dr. José Maria, ocupado predominantemente por um posto de combustível, um restaurante e um condomínio residencial.

Dois anos depois, aludindo ao mesmo endereço, Marcelina faz uma advertência aos recifenses sobre um anúncio do próprio filho, que estava tentando vender um sítio contíguo que herdara do pai. No anúncio, segundo ela, havia descrições equivocadas, usando como propaganda algumas características do terreno da própria mãe. Essa querela perduraria mesmo após o falecimento de Marcelina, 48 anos depois, quando José tentaria vender a casa que fora da mãe antes da partilha dos bens com todos os herdeiros.

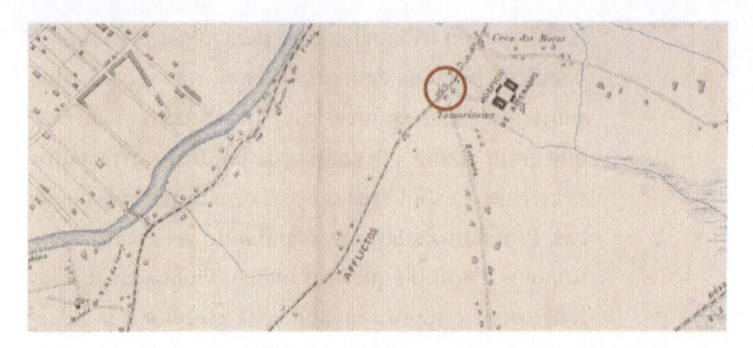

Figura 5 — Trecho da Planta da cidade do Recife e seus arrabaldes, 1875. Note-se aqui exatamente o local do cruzamento da estrada dos Aflitos com a estrada do Rosarinho (círculo), bem próximo ao hospital Ulisses Pernambucano, bem destacado neste mapa.

Na Figura 5, observar a linha tracejada na estrada dos Aflitos. Marca a linha férrea de trens urbanos a vapor (percorrida pelas maxambombas, corruptela de *machine pump*) que operava nesse ramal desde 1871, como ampliação/ramificação da estrada de ferro da Caxangá, que saía originalmente do Recife para Caxangá (pela ponte de Uchoa/Jaqueira/Parnamirim/Casa Forte/Poço da Panela) e havia iniciado as operações em 1867 (até Apipucos inicialmente)[7,8]. Foi o primeiro trem urbano do Brasil, implantado a partir daquele ano por meio da concessão à empresa britânica Brazilian Street Railway Company Limited. O transporte na cidade e adjacências, tradicionalmente, era feito por canoas através dos rios Capibaribe e Beberibe e seus afluentes. Antes do trem a vapor, havia serviços de transporte a tração animal (cavalos ou burros), inicialmente sem e depois sobre trilhos, o primeiro deles, para passageiros, inaugurado em 1839 (Figura 6). Era um ônibus puxado por cavalos, por vezes com dois andares, implantado pelo inglês Thomas Sayle e posteriormente continuado pelo pernambucano Claudio Dubeux[9].

Figura 6 — Bonde puxado por burros no Recife — autor desconhecido.

Em 1843, Marcelina aparece como destinatária de um "barril de carnes" vindo de Lisboa juntamente com encomendas a várias pessoas (vinho, azeite, banha, pedra de cantaria, queijo etc.). Nesse mesmo ano descobrimos o nome do já então falecido pai de Joaquina (destacado em negrito). Um anúncio prosaico do jornal:

> Deseja-se saber, se existe n'esta província D. Marcelina Angélica de Castro Aguiar, viúva de **José Marques dos Santos**, natural d'Évora, conselho d'Alcobaça (em Portugal), a qual tem um filho chamado José Marques dos Santos Aguiar, que foi estudar na escola médico-cirúrgico, no Porto: a tratar na rua do Vigário, n. 19.

Nesse anúncio, de alguém que não sabia o endereço de Marcelina, não ficou claro, em minha opinião, se Alcobaça (Évora, aqui, é uma pequena localidade pertencente a Alcobaça, não a afamada cidade de mesmo nome) era a cidade natal de Marcelina ou do falecido esposo. De todo modo, talvez os dois fossem portugueses, e aqui vislumbramos mais um elemento dessa aparente relação conturbada de mãe e filho. José, o filho, aparece durante toda a segunda metade do século XIX nos jornais como negociante/comerciante. Parece que não chegou a se formar médico. Em 1904 já era falecido, e o sobrinho Rufino Schuler, como seu inventariante (grande fonte de pesquisa, ainda por achar), colocou à venda esse sítio, que era motivo de discórdias. Voltemos ao nosso casal.

Leonhard Schuler, após o casamento, continuou no ramo de comércio, e, pelo visto, criou seu próprio ponto comercial. Em abril de 1851, aparece na lista de passageiros de um vapor rumo aos portos do sul. Dias depois, a J. Keller e Companhia "fazem ciente que o Sr. Leonardo Schuler se despediu de sua casa". Em novembro do mesmo ano, uma escuna dinamarquesa chega de Hamburgo trazendo produtos importados de toda sorte, com "3 caixas diversas de mercadorias; a L. Schuler & Companhia". Novas entradas e saídas do porto, com destino ao sul e também ao norte, acontecem ao longo dos anos seguintes, além de recebimentos de mercadorias da Europa. Anúncios de venda de "espelhos com molduras douradas, os mais ricos tem apparecido no mercado" e de "verdadeira agoa mineral chamada Selters Wasser e uma pequena porção de charutos da Bahia" (Figura 7) são os mais comuns, além de recebimento pela companhia de objetos de relojoaria, peles e tecidos de lã. A casa comercial ficava na rua da Cruz, n. 49 (atual rua do Bom Jesus, no bairro do Recife, e antiga rua dos Judeus (Figura 8). A partir de 1839, no Recife, a numeração das casas e prédios passou a ser feita pela ordem das habitações desde o início da via, no sentido norte-sul e leste-oeste (antes havia numeração, mas sem esse tipo de ordenamento)[10]. À direita, os pares começando pelo número 2; e à esquerda, os ímpares, pelo 1. Podemos então visualizar a Schuler e Cia. do lado do mar, à direita na imagem da Figura 8, do mesmo lado da torre Malakoff, em mais uma litografia de Schlappriz.

Figura 7 — A água mineral da Selters, companhia ainda em operação na Alemanha. A água era exportada em jarros como este.

Figura 8 —
Rua da Cruz.
Desenhista:
Luis Schlappriz.
Gravador:
Franz Heinrich
Carls (1863).

Ainda na década de 1850, um conjunto de cartas revela que Leonhard foi até Fortaleza, no Ceará, encabeçando uma comitiva de procuradores de negociantes do Recife para tratativas com um empresário de nome John William Studart. Este era nascido em Lisboa, de pais ingleses, e chegara a Fortaleza em 1840, através do Recife. Pelo relato, foi um encontro pouco amistoso. John negou-se a quitar as dívidas que contraíra e a comitiva consultou advogado na cidade para pedir a falência culposa do devedor, não acatada. Leonhard estava acompanhado de Juvenal Xavier Torres e de Jorge Nerbitt, e o advogado ouviu deles o seguinte relato:

> [...] a cujo convite tinham Ca' vindo; mas como este se negava a todo e qualquer arranjo, e parecia querer zombar delles, e tinha pressa de voltar para Pernambuco, pediam-me que eu requeresse abertura de fallencia, para cuja prova mostraram-me a carta circular de Studart participando a seus credores a sua insolvência, porção de letras vencidas. [...]

Essa carta, cujo pequeno trecho lemos acima, foi uma resposta do referido advogado ao Barão de Vasconcelos. Este era figura eminente em Fortaleza e meio-irmão de John William Studart. Na carta do Barão, notamos, pelas perguntas insistentes e concentradas (sutilmente queixosas) em Leonhard Schuler, que este deve ter se comportado de forma bem assertiva em seu propósito.

Das figuras mencionadas, ressaltamos que o filho do empresário foi o ilustre cearense Guilherme Chambly Studart, o Barão de Studart, médico, historiador, escritor, abolicionista e genealogista, autor de numerosas obras. O advogado, Thomaz Pompeo de Sousa Brasil, se tornou senador no Império cinco anos depois.

As décadas de 1850 e 1860 também testemunharam o nascimento dos filhos do casal, e aqui as novas descobertas são instigantes.

3

Os filhos e um acontecimento muito triste

Antes de seguir, para facilitar a compreensão até o momento, mostro nossa incipiente árvore, com os filhos do casal segundo as anotações históricas e os acréscimos das filhas Maria Salomé e Maria Antônia, além dos pais de Joaquina. Ao lado do nome de cada filho está o ano de nascimento, os únicos fielmente documentados são os de Leonardo e Rufino. Para os demais, foram feitas estimativas (bem) embasadas em documentos, de forma indireta.

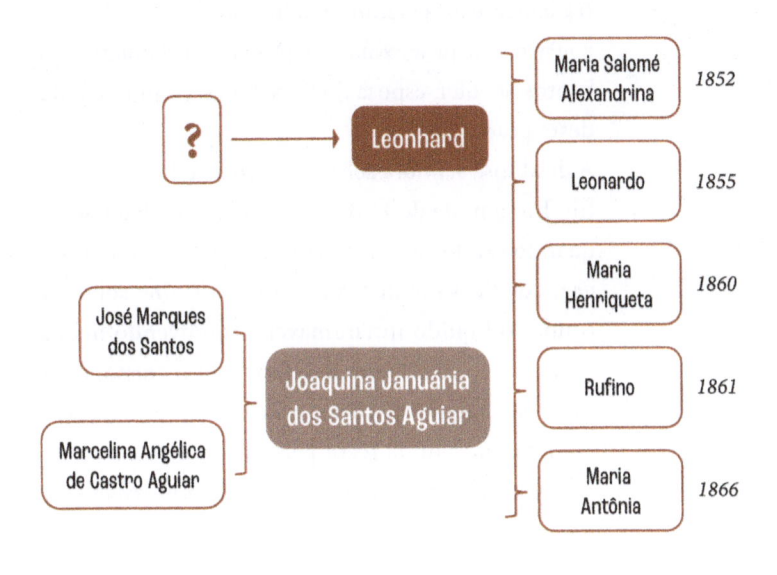

Pais	Filho	Cônjuge	Netos	Ano
?	→	Leonhard	Maria Salomé Alexandrina	1852
			Leonardo	1855
José Marques dos Santos		Joaquina Januária dos Santos Aguiar	Maria Henriqueta	1860
Marcelina Angélica de Castro Aguiar			Rufino	1861
			Maria Antônia	1866

Joaquina, infelizmente, é a protagonista da qual temos menos informações. Em verdade, sabemos dela praticamente apenas pelo registro de casamento. O nascimento e outras circunstâncias de sua vida permanecem, por enquanto, incógnitos. Repetindo: de sua vida. Ao me deparar com a notícia publicada em dois jornais do Recife nos dias 18 e 19 de março de 1869, confesso que pude sentir ainda a angústia daquele acontecimento trágico. Pude ainda compreender a ausência, pela gravidade, dessa memória entre as histórias orais da família. Transcrevo abaixo as notas de ambos os jornais, que exibem, em conjunto, uma descrição bem detalhada:

Diário de Pernambuco (sessão — Revista Diária), 18 de março:

> FALLECIMENTO — Succumbio ante-hontem em consequencia da horrível queimadura, de que desastradamente fôra víctima a noite anterior, em seu sítio ao Parnamirim, a Exma. Sra. D. Joaquina Januaria dos Santos Schuler, esposa do Sr. Schuler, commerciante desta praça.
>
> A desditosa senhora achava-se cercada dos inocentes filinhos a noite de 15 do corrente em sua habitação, quando sendo casualmente derribado o candieiro a gaz, que ficava junto a si, derramou-se-lhe sobre as roupas o liquido inflammavel, promovendo nellas o incêndio, que queimou-a em todo o corpo, com excepção apenas do rosto; e em menos de 24 horas era Ella um sentida recordação para os seus inconsoláveis parentes, tendo a sua alma voado aos pés do seu Creador!

Jornal do Recife, 19 de março:

> Sinistro e morte — sepultou-se hontem no cemitério público a Sra. Joaquina Januária dos Santos Schuler, esposa do Sr. Leonardo Schuler, guarda livros da casa Tisset Freres & C., e que sucumbira ás duas horas do dia antecedente victima de um triste acontecimento. A infeliz senhora durante a noite de segunda-feira para terça tendo-se approximado com um candieiro de kerosene ao leito em que dormia um de seus pequenos filhos, e posto a luz sobre uma cadeira próxima, abaixou-se para examinar um dos pés da criança, o que sentindo esta moveu-se batendo com uma perna sobre o candieiro, que se quebra, inflammando-se o seu líquido, que vai cahir quase todo sobre o seio da desventurada mai, ao mesmo tempo que lhe incendeia os vestidos. Debalde se lhe applicaram o mais breve possível todos os socorros da sciencia, não se conseguio salva-la.

Na fatalidade, pudemos ter uma imagem do zelo da mãe pelos filhos. Joaquina foi examinar o pé de um dos pequenos. Talvez estivesse machucado, ou talvez apenas descoberto. Um pequeno gesto inocente e acontece o incidente catastrófico. Cabe mencionar que apenas em 1822 surgiu um serviço de iluminação pública no Recife, à base de lampiões com óleo de mamona ou de baleia. Desde 1859, a iluminação pública (ruas e espaços públicos), e talvez em prédios do governo e algumas residências, era feita a gás, inaugurada naquele ano nos bairros de São José e Santo Antônio[11]. É possível que essa tecnologia não abrangesse as freguesias mais distantes da região central. O fato é que, para a maior parte da população, a iluminação residencial ainda era feita por velas, lamparinas, candeeiros e lampiões, o que começou a mudar apenas no início do século seguinte, em 1913, com a chegada da energia elétrica de maneira ampla para a cidade, a qual impulsionou também os bondes elétricos[12,13]. O candeeiro usado por Joaquina era alimentado por querosene, um avanço permitido, em relação aos óleos vegetais e de baleia, pela descoberta do petróleo nos Estados Unidos apenas dez anos antes. Segundo o relato, houve uma queda e a consequente quebra do objeto, levando-nos a imaginar que o compartimento onde se colocava o querosene era feito, pelo menos em parte, de cerâmica ou de vidro (exemplo na Figura 9).

Esse tipo de incidente, infelizmente, não era incomum. Em geral, as vítimas eram mulheres ou crianças, sempre havendo um descuido ou esbarrão. Em pesquisa nos jornais sobre o assunto, dezenas de outros relatos semelhantes aparecem por todo o país, como em São Paulo, Rio de Janeiro, Rio Grande do Sul, Espírito Santo e Bahia. Nesta última província, a opinião de quem a escreveu, ao fim da notícia republicada em jornal pernambucano, revela o quão frequente e perigoso era o manuseio do objeto (grifo nosso):

Figura 9 — Antiga lamparina a querosene, em vidro translúcido e metal.

> Foi vítima hontem á noite de uma lampeão de kerosene, que se derramou sobre as roupas, incendiando-as, uma menina de nome Antimia Pacífica dos Reis alumna interna do collegio Santa Cecilia, situado á Fonte Nova de que PE directorea a Exm, Sra, D. Maria Francisca Moreira [...] falleceu hoje pela manhã [...] <u>enquanto as nossas famílias não se acostumarem ao uso do kerosene inexplosivo, registraremos sempre esses casos fataes.</u>

A queimadura atingiu quase a totalidade do corpo de Joaquina. A ciência médica ainda engatinhava em relação aos cuidados com queimaduras. Embora desde o fim do século XVIII pesquisas e sistematizações já começassem a ser descritas a respeito[14], como o reconhecimento da profundidade da lesão na pele como fator prognóstico, os pilares que definiram o tratamento moderno, como antibióticos sistêmicos e reposição de fluidos, por exemplo, só seriam aplicados já no século XX. De fato, infelizmente, pouco havia a ser feito.

Leonhard Schuler ficou viúvo com os cinco "inocentes filinhos [sic]". Os dois mais velhos (Maria Salomé e Leonardo) já tinham aproximadamente 17 e 14 anos, não diminuindo, no entanto, o desafio de se continuar a criação dos filhos após tão lamentável acontecimento. Aparentemente, moravam (possivelmente sempre o fizeram) com a avó materna, Marcelina, e acredito que esta deve ter prestado auxílio inestimável com as crianças.

Poucos meses após o falecimento de Joaquina, a justiça abriu procedimentos para tentar iniciar o inventário de bens, em razão da presença de filhos menores. A tentativa se arrastou por cinco longos anos. Logo no início, Leonhard respondeu à notificação do juiz desta maneira:

> Devo trazer a consideração de V. S., que tendo sido citado o cidadão estrangeiro Leonardo Schuller para vir proceder a inventário dos bens do seu casal, por fallecimento de sua mulher, por haverem herdeiros menores, veio ele a meu cartório reclamar contra essa citação, sob o fundamento de que sendo ele cidadão Suisso com cuja potencia foi celebrado convenio com o Governo do Brasil, e no Consulado da Suissa aonde

lhe cumpre tratar dos termos do seu inventário, sendo como são elle e seus filhos menores, cidadãos daquele paiz por força da lei brasileira que assim consedera os filhos de pais estrangeiros nascidos no Brasil, até a sua maior idade, e como era do mesmo modo considerada sua mulher que seguia a condição do marido, sendo que, observado por mim que neste caso deveria elle trazer a este Juiso a exceção que lhe assiste, ainda assim não quis aceitar a minha observação por entender não ser obrigado a fazer-lo. Em vista do que resolverá V.S. a que entender. Recife 26 de agosto de 1869. O Escrivão João Facundo da Sª Guimarães.

Pode ser uma impressão minha, mas parece ter sido tão "assertivo" quanto o foi no trato com o empresário luso-cearense dez anos antes. Se o foi, não deixou de ser no desenrolar do processo. Foi diversas vezes notificado e, em 1872, houve sequestro dos bens de Joaquina, ao que tudo indica composto unicamente pela casa na Tamarineira onde morava há décadas a família. Pelo visto, Leonhard não cedeu um só milímetro, e o processo foi extinto em 1874.

Outro achado em notas de jornal nos revela mais dos laços familiares. Em 1870, um ano após Joaquina, falece o Sr. Maximiano Guedes (ver Capítulo 1), segundo nota no jornal, "muito prezado marido" de Marcelina Angélica. Esclarecemos aqui a relação de parentesco entre Maximiano e Leonhard, este tendo sido por algum tempo procurador daquele (possível viagem a negócios de Maximiano). Mera especulação, mas terá sido essa relação profissional a causa da aproximação com Joaquina cerca de 20 anos antes?

4

Maria Salomé Alexandrina

A despeito de ser a primogênita, foi a última sobre a qual encontrei informações (um verdadeiro quebra-cabeça, ainda com muitas peças faltando). Para mim foi uma surpresa estimulante, pois ampliaria nossa árvore sobremaneira. Acontece que não havia muitas pistas após aquele primeiro encontro na nota de falecimento da avó em 1882. Pouco depois, encontrei um informe de proclamas de casamento entre o João Salustiano referido na nota citada anteriormente e Salomé em julho de 1880, com informação de que o noivo era viúvo. Interessante é que esse casamento ocorreu pouco mais de dois meses após o casamento do irmão Leonardo, que estava longe de Pernambuco naquela ocasião (ver Capítulo 5). Pergunto-me se sabiam notícias um do outro. Sobre Salomé, era apenas isso. Seria mais um beco sem saída?

Esse mistério começou a ser desfeito mais ou menos por acaso e após uma relativa longa espera.

Convite de missa de sétimo dia da irmã Maria Henriqueta (em 1931, mais detalhes posteriormente, no Capítulo 6) trouxe uma grande revelação. Nele consta o nome de "[...] Maria Salomé Schuler Werson, filhos, genros, noras e netos (ausentes) [...]". De uma tacada, descobrimos que Salomé ainda vivia em 1931, embora não no Recife (daí o termo "ausentes"), tinha filhos e netos e se casara com um "Werson". Com essa informação, retornei aos arquivos do século XIX.

Em 1885, "João Salustiano Werson" era chamado para tratar com o inspetor da tesouraria da fazenda do governo provincial.

Um ano depois, em 1886, saía do porto do Recife um vapor com destino à Europa levando "Jean S. S. Werson, sua senhora e 5 filhos". Pronto, parecia tudo esclarecido, foram para a Europa e de lá não tiveram mais contato regular com a família, justificando sua ausência nas árvores genealógicas iniciais. Mas não seria fácil assim.

Em 1889, consta na lista de passageiros de um vapor vindo do sul um "Werson Leonard Jean". Seria parente, eventualmente irmão, ou até um filho do nosso João Salustiano? Ou esses nomes se referem à mesma pessoa? Em setembro de 1890 chegam, novamente de um vapor do sul, "João Werson, sua senhora, 3 filhos e 1 criada". E agora? A família Werson fora para a Europa em 1886 com cinco filhos e voltara do sul do Brasil quatro anos depois com três filhos? Faltavam algumas peças nesse quebra-cabeça e pelo menos algumas delas foram achadas.

A informação parecia um pouco sem sentido, mas os nomes eram por demais similares. Em 23 de janeiro de 1887, ou seja, apenas um ano após o embarque da família Werson do Recife para a Europa, uma matrícula de imigração do alojamento de imigrantes em São Paulo[15] registra a entrada de várias famílias vindas da Bélgica no vapor *Hannover*, entre elas Jean Leonard Werson (48 anos), a esposa Maria Salomé (35 anos) e quatro filhos de nomes Sebastien (17), Altino (10), Marie (4) e Maria Luisa (2).

Figura 10 — Hospedaria dos Imigrantes de São Paulo, no Brás, no ano de sua inauguração em 1887.

Pode-se dizer que os "Werson" foram, de certa forma, pioneiros. A hospedaria, situada no bairro do Brás, fora inaugurada naquele mesmo ano (Figura 10), e receberia ao longo de quase um século cerca de dois milhões de imigrantes. A família recebeu um total de 300 mil-réis para ajuda de custo, e no campo para observações há a citação: "belgas, Santos 33". Alvíssaras! Esse documento revela que Jean Leonard era belga, além da idade de todos (desse modo descobrimos a primogênita do nosso casal protagonista) e o nome dos filhos. Infelizmente, o sobrenome da esposa não está registrado. Antes de seguir essa pista, um novo triste parêntese em nossa história.

Em 16 de junho de 1887, meses depois da chegada dos Werson em São Paulo (vindos da Bélgica), houve um desastre naval bastante noticiado e discutido nos jornais pernambucanos. Um patacho de guerra da marinha imperial, em navegação desde o Recife até o Rio Grande do Norte, naufragou pouco antes de chegar ao destino, no porto de Macau. O *Pirapama*, em meio a tempo fechado, colidiu com pedras chamadas Urcas do Minhoto. No dia 24 do mesmo mês, aportavam no Recife os náufragos, incluindo o comandante, todos os oficiais e mais 42 tripulantes. Infelizmente, não retornaram para as suas famílias, os que as tinham, dez aprendizes marinheiros: Felisbino Vieira Gomes, Antônio Werson, Ulysses José Alves do Rego, Severiano Nóbrega, Feliciano Graciliano da Silva Tavares, João Ignacio de Carvalho Mendonça, Roberto Papa-figo, Pedro Antônio, Manoel Antônio de Alcântara e Sergio Manoel de Deus. As informações sobre o fim trágico das crianças e dos adolescentes são comoventes:

[...] immediatamente partiram em soccorro tres jangadas, que com mais duas de pesca, que appareceram no lugar do sinistro, salvaram todos os náufragos, com excepção dos dez referidos menores, que succumbiram, uns por não se poderem conservar durante toda a noite agarrados aos mastros e vergas do navio e outros por se terem precipitado ao mar na occasião em que se approximavam as jangadas [...].

Atualmente, a marinha nacional faz concursos periódicos para aprendizes marinheiros, que devem ter entre 18 e 22 anos para o ingresso. À época do Império e ainda no início da República, as escolas de aprendizes marinheiros recrutavam crianças e adolescentes, fornecendo educação formal e ensino prático nos navios de guerra. Segundo artigo do pesquisador e historiador da marinha Wagner Luiz Bueno dos Santos[16]:

[...] Durante a segunda metade do século XIX, os meninos ingressavam na instituição de diversas formas. Alguns eram levados pelos pais e parentes próximos, e outros por tutores ou responsáveis financeiros dos meninos. Porém, boa parte chegava pelas mãos de autoridades locais — delegados de polícia, juízes de paz, presidentes das províncias e inspetores dos arsenais [...].

Seria Antônio Werson outro filho de Jean Leonard do primeiro casamento? Caso sim, teria seu pai vislumbrado um futuro melhor para ele ao deixá-lo sob a responsabilidade da marinha alguns meses antes de tentar a vida na Europa com o restante da família? Ainda por encontrar novas informações sobre os Werson em Pernambuco (migração, trabalho, família etc.).

Figura 11 — Esgrima de baioneta na Escola de Aprendizes Marinheiros do Ceará, 1917. Fonte: Fortaleza, Ceará/Acervo DPHDM.

Após algumas procuras anteriores e infrutíferas pelos Werson na Inglaterra, pude procurar na Bélgica e achei. No registro de casamento de Marie Pauline Werson em 1903 (seria a pequena Marie, de apenas 4 anos, na lista do alojamento de imigrantes), há o nome completo dos pais da noiva: Jean Leonard, encanador, e Marie Salomé Schuler, sem profissão, domiciliados em Grivegnée. Essa localidade atualmente fica no subúrbio da cidade de Liège, tendo sido incorporada em 1977.

Até o momento nos faltam documentos para esclarecer melhor o paradeiro de Jean Leonard e Maria Salomé ao longo do tempo. Aparentemente, houve idas e vindas entre o Brasil e a Bélgica. Vê-se que, em 1903, residiam na Bélgica e no início imaginei que permaneceram por lá em definitivo. Entretanto, uma nota em jornal paulistano de 1912 traz um relato insólito: "Maria Schuler Werson, de 61 annos de idade, moradora à travessa de S. Paulo, ao fugir, ontem, às 2 horas da tarde, de uma sua vizinha que pretendeu aggredi-la deu uma queda desastrosa, escoriando o terço inferior do braço direito [...]".

Os ferimentos felizmente não foram graves e, como sabemos, Maria Salomé ainda estava bem viva em 1931, aos 80 anos de idade, por ocasião do falecimento de sua irmã Maria Henriqueta. Esse pequeno e curioso conflito me fez voltar a pesquisar em São Paulo. Recentemente, mais uma vez usando o dom aprimorado de importunar parentes, encontrei a princípio uma bisneta e uma trineta do casal. Restaram-me vários questionamentos, um deles referente aos filhos. Sabemos que se casaram em 1880, mas os primeiros filhos listados em São Paulo haviam nascido em 1870 e 1877. Como temos a informação de que Jean Leonard era viúvo ao casar-se com Salomé, poderíamos supor que esses filhos fossem do seu primeiro casamento. Também não seria um equívoco imaginar que eles já convivessem em união e que já tivessem filhos antes do casamento religioso. Em 1870, Salomé havia recentemente perdido a mãe e tinha 17 ou 18 anos, dentro de um contexto de fragilidade familiar eventualmente propício a um arranjo matrimonial. À época, a maioridade civil era atingida apenas aos 21 anos. Os casamentos eram comumente organizados e orientados pelo pai, cujo poder decisório no cotidiano da família ainda era a regra. Entretanto, minha suposição atual é de que não eram filhos biológicos de Salomé, considerando que, no convite de missa de sétimo dia de sua avó Marcelina, consta o nome do filho de seu tio José Marques dos Santos Aguiar e não dos seus supostos próprios filhos. Marie, em minha opinião sua primeira filha biológica, nasceria um ano depois. Em breve novas informações irão aumentar a história de nossa família. Pelo que me adiantaram as "novas" primas de São Paulo, Jean Leonard e Salomé tiveram pelo menos mais um filho posteriormente, em São Paulo, além dos listados na primeira entrada em 1887. Chamava-se Arnaldo, de quem descendem. Recebi, ainda, comovido, uma fotografia do casal. Até o momento é a única imagem conhecida de um dos filhos de Joaquina e Leonhard.

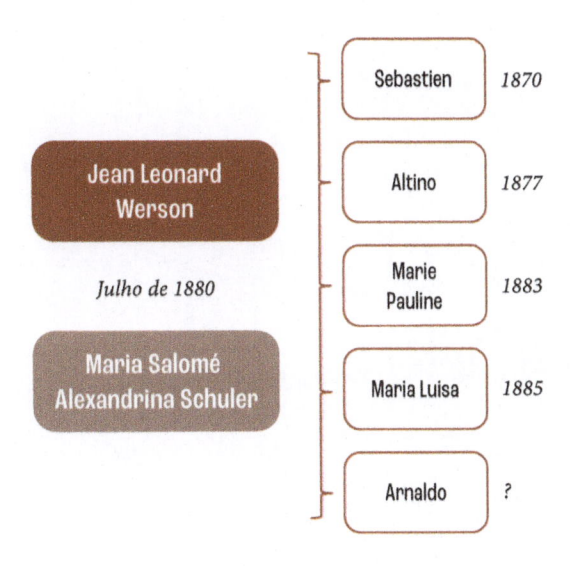

Jean Leonard Werson	Sebastien	*1870*
	Altino	*1877*
Julho de 1880	Marie Pauline	*1883*
Maria Salomé Alexandrina Schuler	Maria Luisa	*1885*
	Arnaldo	*?*

5

Leonardo (filho)
Em colaboração com Elisa de Souza Schuler

O segundo filho recebeu o mesmo nome e pode ser facilmente confundido com o pai durante as pesquisas e até mesmo, descobri agora, nas memórias de família. Meu avô Leonardo (sim, há seis Leonardos em linha direta desde o primeiro, além de outros tantos na família inteira) apontava que o Leonardo "filho" havia chegado ao Brasil com os Lundgren e os von Sohsten, o que na realidade aconteceu com o pai. Esse tipo de confusão, além do fato de serem homônimos, é também explicado por terem ambos chegado ao Brasil vindos da Suíça. Mas como?

O jovem Leonardo nascera em Pernambuco, sem dúvida — embora, como argumentara seu pai na questão do inventário citada no Capítulo 1, fosse considerado cidadão suíço até a maioridade (21 anos à época). Porém, fez o caminho de volta para a Suíça possivelmente na década de 1870. Relatos familiares dão conta de que a migração não fora completamente voluntária. Teria sido ele "enviado" para a Europa por uma questão de rebeldia. É muito difícil ter uma percepção, quase 150 anos depois, do que seria um comportamento rebelde naquele período. Como citado antes, o poder patriarcal na família brasileira à época era inquestionável. Atos e comportamentos de crianças ou jovens hoje relativamente tolerados poderiam ser motivo de graves punições. Tivera ele uma transição inadequada para a vida adulta e cheia de responsabilidades? Algum problema familiar, eventualmente cicatrizes mal resolvidas da perda precoce e traumática da mãe? Sua neta Elisabeth Joeira Schuler nos conta que chegou a ouvir do próprio pai, décadas depois, relato de um exemplo desse desvio de comportamento: o jovem Leonardo Filho, não sabemos se por costume ou se apenas em uma ocasião, admoestou gratuitamente com impropérios alguns transeuntes à porta de sua casa. Não sabemos quão próximo da realidade é esse relato. O fato é que Leonardo migrou, e sua vida, rebelde ou não, mudou muito durante e após aquela viagem.

Entre muitas questões, nos perguntamos: para onde exatamente Leonardo Filho foi enviado? Teria ido ao encontro dos familiares em Basel? É possível, mas pode ter sido apenas uma etapa em sua migração, pois no dia 7 de maio de 1880 estava em Rochefort, uma municipalidade do cantão de Neuchâtel. Essa pequena e antiga cidade possuía apenas 653 habitantes em 1850, e 659 em 1900. Para comparação, em 2019 tinha 1.243 almas[17].

O que fazia Leonardo nesse dia e nesse local? Aos 25 anos, casava-se. A noiva era Elisabeth (Sieber) Indermühle, uma jovem de 19 anos recém-completados e que, a julgar pelo nascimento do primogênito, apenas seis meses depois, já estava grávida no dia da cerimônia.

Rochefort era pequena (ainda é) e com economia predominantemente rural ou no setor de serviços. Os relatos da família, infelizmente, não explicam a temporada e o casamento de Leonardo Filho nessa localidade. Pelo contrário, documento em posse da família (falaremos dele mais adiante) "sempre nos disse" que Elisabeth (filha de Daniel Indermühle e Anna Sieber) era de Amsoldigen, uma cidade também muito pequena mais a oeste, no cantão de Berna. Quase todos os cerca de 800 habitantes[18], hoje em dia, têm o alemão como primeira língua, e podemos pensar que não era diferente no século XIX. A origem teutônica é compatível com o sobrenome Indermühle e com o relato de Carlos Emílio Schuler, já exposto, de que a avó passou a falar em alemão na senilidade, revelando, talvez, a língua aprendida na infância. Outras informações podem nos ajudar a esclarecer essa aparente contradição. Segundo dados do site de genealogia familysearch.org, a maior parte dos filhos do casal Daniel e Anna nasceu em Les Eplatures, uma localidade também de Neuchâtel, que em 1900 foi incorporada à cidade de La Chaux-de-Fonds. De acordo com as informações pesquisadas no mesmo site, o avô (e o bisavô, e o trisavô etc.) de Elisabeth era de Amsoldigen. Ao que parece, a cidade de origem da família, e darei outro exemplo logo adiante, era uma marca que não se apagava facilmente, mesmo após uma ou duas gerações nascidas em outro local. Minha hipótese é de que essa parte da família Indermüehle migrou para a região de Neuchâtel e ali se estabeleceu. Pesquisa em jornais da época nessa região favorece a ideia. No *L'impartial*[19], de La Chaux-de-Fonds, na seção de falência em 27 de abril de 1888, consta um "*Pictet, Auguste, horloger, époux de Anna Barbara, née Indermühle* [...]". Para tristeza da família, menos de um mês depois, anunciava-se o falecimento de "*Monsier Auguste Pictet*", em 5 de maio de 1888. Um ano antes, em março de 1887, no mesmo jornal, lia-se sobre a falência do cidadão Christian Hurni, agricultor e esposo de Lina Rosine, nascida "Indermühle". A família Hurni migrou para os Estados Unidos da América anos depois. Ana Barbara era tia e Lina Rosine era irmã de Elisabeth.

Rochefort, Les Eplatures e La Chaux-de-Fonds são todas pequenas cidades (distando entre 10 e 20 km) bem próximas umas das outras. Além disso, bem próximas de outra chamada Le Locle, também no cantão de Neuchâtel (ver Figura 12). Em 1857, foi inaugurada a linha férrea entre La Chaux-de-Fonds e Le Locle e, três anos depois, podia-se também chegar às duas cidades a partir de Neuchâtel, permitindo deslocamentos relativamente rápidos[20]. Lembro-me muito bem de meu avô, ao ser perguntado sobre a origem da família, respondendo como um mantra: "Vieram de Le Locle". Até o momento, achei apenas uma possível relação documentada da família com essa última localidade. Em 1875, lia-se o resultado do concurso promovido pela sociedade de agricultura de La Chaux-de-Fonds. O primeiro prêmio na categoria *"toureaux de 2 ans et plus"* saiu para *"Daniel Indermühle — Locle [...]"*.

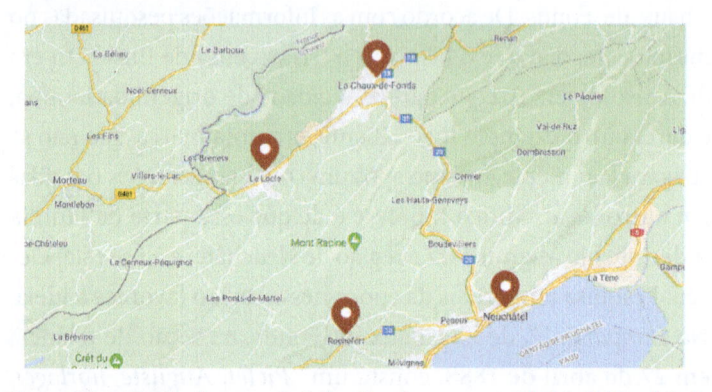

Figura 12 — Trecho de mapa da Suíça. Em destaque, as cidades de Neuchâtel, La Chaux-de-Fonds, Le Locle e Rochefort. Fonte: Google Maps.

O casal posteriormente se estabeleceu na cidade de Neuchâtel ("capital" do cantão de mesmo nome, também conhecida pelo nome alemão de Neuenburg), segundo registro de habitantes dessa cidade, precisamente em 31 de dezembro de 1880. O primeiro filho do casal Leonardo Filho e Elisabeth, de nome Achilles Leonhard, faleceu pouco depois de completar 1 ano de vida, em dezembro de 1881. Um mês antes, no dia 20 de novembro, nascera a segunda filha, Marie Elise, e em 16 de fevereiro de 1884, o terceiro, Achille Charles Emile. Esses nascimentos foram publicados no jornal *Feuille d'avis de Neuchâtel* (mais tarde *L'Express*), coirmão do *L'Impartial*, que se notabiliza atualmente por ser o mais antigo jornal em língua francesa ainda em circulação no mundo[21], tendo sido fundado em 1738. Nas notas do jornal, é interessante observar que os pais são citados como "*bâlois*" ou naturais de "*Balle Ville*", respectivamente os nomes em francês do gentílico e da cidade da Basileia. Como sabemos que Leonardo Filho nascera pernambucano e que Elisabeth era provavelmente nascida no cantão de Neuchâtel, esse é mais um indício da importância que se dava à origem paterna da família quando se indicava a origem de uma pessoa. No mesmo registro de habitantes da cidade citado no início deste parágrafo, os próprios filhos nascidos ali são listados como sendo de "*Bâle*".

Por que ele estava exatamente nessa região da Suíça? Um documento valiosíssimo em posse da família nos revela muito. É o registro de nascimento de Achille Charles Emile:

Figura 13 — Registro de nascimento de Achille Charles Emile. Em destaque, a profissão do pai: *horloger*. Cortesia de Maria de Jesus Schuler.

Além dos nomes dos pais e avós da criança, apontando o já comentado detalhe em relação às origens de cada um, destacam-se o endereço do casal à época e a profissão do pai. Sobre o endereço, um fato curioso. Em tempos de internet veloz, decidimos escrever uma carta (em papel), traduzida e aprimorada por Elisa de Sousa Schuler, ao morador atual. Saudosos do tempo em que se fazia isso de modo costumaz e aproximadamente 140 anos depois da estadia de nossos ascendentes, remetemos a carta, devidamente selada, com tênue esperança de que obteríamos algum retorno.

A resposta chegou e trouxe notícias além das expectativas. O atual morador do endereço, de nome Niels Sörensen, leu o breve relato de nossa história e empreendeu uma diligente pesquisa. Descobriu que a casa onde mora, à *"rue de la Côte, nº6"*, foi construída apenas entre 1893 e 1894. Na verdade, a casa onde a família Indermühle-Schuler morou fica atualmente sob o número 18 da mesma rua, tendo havido uma mudança de numeração tempos depois. A casa, ou *"villa"*, está bem preservada e em boa parte original, tendo sido construída entre 1876 e 1879 junto à estação de trem da cidade e bem perto do lago. Nosso surpreendente missivista enviou ainda fotografias da casa feitas em 1900 e em 2021 (Figuras 14 e 15).

Figura 14 — *"L'immeuble Côte 18 me semble être celui désigné par la flèche"* ("O edificio da Côte 18 parece-me ser o designado pela seta"). Cartão postal de 1901. Cortesia e comentário sobre a foto: Niels Sörensen, março de 2021.

Figura 15 — Casa número 18 da rue de La Côte. Vista pela rue du Rocher em direção ao sul. Cortesia e comentário sobre a foto: Niels Sörensen, março de 2021.

A profissão indicada na certidão, *horloger* ("relojoeiro"), nos revela talvez a razão da presença de Leonardo na região. Imagino que seu pai pode tê-lo encaminhado para estudar e aprender uma profissão. Se havia um bom lugar no mundo para esse fim, era a Suíça. E se havia um bom lugar na Suíça para esse intento, era no cantão de Neuchâtel. Havia uma escola de relojoaria[22] em Le Locle desde 1869. Em verdade, ainda existe, com o nome de Escola Técnica e atualmente sob uma administração mais ampla envolvendo diversas escolas de nível técnico e superior distribuídas em várias localidades do cantão. Teria Leonardo frequentado essa escola nos seus primórdios? Em 2009, as cidades de Le Locle e La Chaux-de-Fonds (Figura 16) entraram na lista de patrimônio mundial da Unesco. Segundo a entidade, em sua decisão[23]:

> O conjunto urbano relojoeiro de La Chaux-de-Fonds e Le Locle demonstra um valor universal excepcional, pois essas cidades gêmeas de manufatura constituem um exemplo excepcional de conjuntos urbanos orgânicos inteiramente dedicados a uma única indústria. Eles

foram construídos por e para a relojoaria. Eles são o produto de uma simbiose extremamente próxima entre as necessidades sociotécnicas e as respostas fornecidas pelas opções de planejamento urbano. A relojoaria deu origem a uma tipologia arquitetônica notável na estrutura construída. As habitações destinadas ao trabalho doméstico situam-se ao lado de casas de proprietários, oficinas e fábricas mais recentes, num tecido urbano homogêneo e racional que se abre ao exterior. As duas cidades testemunham a continuação excepcional e ininterrupta de uma tradição relojoeira viva e de renome mundial, que tem conseguido fazer face às crises sociotécnicas e econômicas do mundo contemporâneo.

Figura 16 — Vista aérea de La Chaux-de-Fonds, por volta de 1912. Fonte: Service d'urbanisme, La Chaux-de-Fonds.

Com o incremento dessa atividade no início do século XIX, a reconstrução seguindo o modelo relatado acima, após grandes incêndios entre os séculos XVIII e XIX, foi um caminho natural. Essas cidades já tinham uma tradição na relojoaria. Ainda no século XVIII fora criado na região um método inovador na fabricação, conhecido como *établissage*, que permitiu um salto importante na produção. Nesse sistema, as numerosas partes de um relógio eram manufaturadas por diversos fornecedores distintos e especializados, com a montagem centralizada[24]. Mais tarde, o modelo industrial que concentrava todas as etapas e trabalhadores sob o mesmo teto prevaleceu (Figura 17). Um simples instantâneo em uma nota de proclamas de 17 de abril de 1883, ou "*promesses de mariage*", no já citado *L'Impartial* de La Chaux-des-Fonds, mostra, entre treze casais, treze relojoeiros. Por vezes apenas o noivo, por vezes apenas a noiva e, não raro, o casal partilhando a mesma profissão, como neste exemplo: "*Ulysse-Henri Ducommun-dit-Verron et Marie-Esther Sandoz, les deux horlogers et Neuchâtelois*" ("Ulysse-Henri Ducommun-dit--Verron e Marie-Esther Sandoz, ambos relojoeiros e neuchatelenses"). Isso mostra como a força de trabalho era concentrada na cidade, e como às vezes a família toda se envolvia na profissão.

Figura 17 — Atelier Zénith, cerca de 1910. Fonte: Office fédéral de la culture — Galerie d'images — La Chaux-de-Fonds/Le Locle.

O centro industrial desenvolvido nessa região do Jura suíço teve origem décadas antes, a partir da migração de relojoeiros de Genebra, pioneira na fabricação de relógios na Suíça. Nessa cidade, o fator religioso foi, de maneira não intencional, o motor que a levou a ser uma grande produtora e exportadora de relógios e, mais tarde, também exportadora de mão de obra qualificada para outras regiões. No século XVI, João Calvino havia promovido profundas mudanças nos modos e costumes dos fiéis, incluindo uma inicialmente rígida proibição do uso de joias e ornamentos em caráter de ostentação. Tal modificação no comportamento das pessoas obrigou uma transformação na afamada tradição da joalheria local. A expertise na criação de joias refinadas fora canalizada para a confecção de relógios cada vez mais intrincados[25,26].

Voltando à nossa história. Sabemos que Leonardo Filho e Elisabeth moravam em Neuchâtel pelo menos até fevereiro de 1884 (nascimento do terceiro filho). Imagino que Leonardo, tendo ou não frequentado a escola formal, já trabalhava como relojoeiro. Talvez em algum estabelecimento na cidade, talvez em sua própria casa à *rue de la Côte*, de forma mais artesanal. Considerando-se a memória familiar citada, de que teriam vindo de Le Locle, é possível que tenham mais uma vez se mudado, eventualmente por uma oportunidade de trabalho, ou mesmo atingidos por mais uma crise econômica. Imagino que possam ter se estabelecido em Le Locle temporariamente por necessidade financeira, porventura junto à família de Elisabeth, caso o dono do touro premiado alguns anos antes tenha sido mesmo seu pai Daniel Indermühle. No Capítulo 1 nos referimos à fome na Suíça nos anos 1816-1817, mas outras grandes levas migratórias ocorreram durante aquele século. Foram três os períodos principais[27] em que milhares de suíços afluíram em grande quantidade para as Américas do Norte (principalmente) e do Sul: 1816-1817, 1845-1855 e 1880-1885. Podemos supor que a família fez o caminho de volta na crista dessa terceira onda.

Não sabemos se a migração de Leonardo para a Suíça anos antes teve a intenção de ser permanente. Se o foi, e essa é a minha impressão, foram forçados a retornar anos depois, e não foi um caso isolado na família. Lembremos de sua irmã Maria Salomé retornando da Europa para São Paulo em 1887 (Capítulo 2). Lembremos ainda a falência, em 1887, da família Hurni/Indermühle. Em 1886 também emigrava de La Chaux-de-Fonds certo relojoeiro chamado Joseph Félicien Chevrolet[28]. Entre os numerosos filhos, levava consigo o pequeno Louis Joseph, que mais tarde ajudaria a fundar nos Estados Unidos da América a marca que carrega até hoje o seu sobrenome.

Meu avô, com frequência, recordava-se das correspondências que sua avó Elisabeth, já no Recife, recebia das irmãs que haviam migrado à mesma época para os Estados Unidos da América. Dizia-me ainda que vinham de Seattle. Encontrar essas cartas, se ainda existem (as daqui ou as de lá), seria como colocar as mãos em um tesouro. Nos últimos anos encontramos em arquivos públicos três das irmãs Indermühle, como esperado, vivendo na costa Oeste dos Estados Unidos na primeira metade do século XX. Lina Rosine (citada anteriormente) faleceu na Califórnia em 1947; Ida viveu até 1933 em Seattle; Luise constava nos censos de 1900 e de 1910 no Oregon. Não será difícil encontrar os primos hoje em dia, mesmo que nenhum carregue o nome da família originária de Amsoldigen.

Sabemos que o casal já estava no Recife em agosto de 1886 (nascimento de Leonardo Daniel, o quarto filho). Meu avô costumava dizer que haviam empreendido a viagem em 1884. No entanto, mais uma vez o registro de habitantes de Neuchâtel nos auxilia, corrigindo a informação e revelando que a família saiu da cidade em 25 de março de 1885, citando o Brasil como destino. Dizia também que seu pai Leonardo Daniel nascera em Pernambuco logo após a viagem, tendo vindo na barriga da mãe. Se vieram diretamente para o Brasil em março de 1885 ou se passaram ainda alguma temporada em Le Locle, como supomos em alguns parágrafos anteriores, ainda não sabemos. Infelizmente, até o momento não encontramos registro de desembarque da família em Pernambuco.

José Maria Schuler, segundo meu avô, teria identificado o porto (talvez o registro?) no norte da França, onde a família embarcara na jornada de volta, mas não lhe passou mais detalhes. Seria bem plausível, uma vez que já havia ligação de trem entre Le Locle e a França naquele período. À época, e ainda hoje, o porto mais importante nessa região é o de Le Havre. Podemos imaginar como a família pode ter encontrado o porto, pois naquele mesmo período ele foi amplamente retratado por um ilustre pintor que cresceu naquela região: Claude Monet (Figura 18).

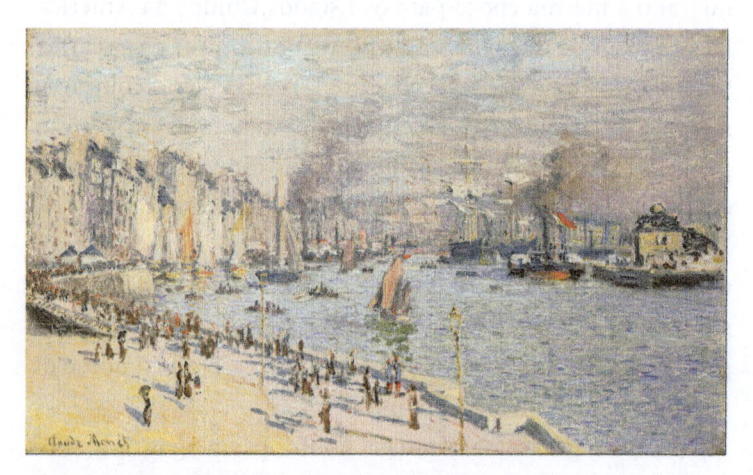

Figura 18 — Port of Le Havre, Claude Monet, 1874. Óleo sobre tela.
Fonte: Acervo do Philadelphia Museum of Art.

Se desse porto realmente saíram Leonardo filho, Elisabeth, Maria Elisa e o pequeno Achille, ainda estamos por confirmar. Lamentavelmente, o registro digital está disponível apenas para os passageiros que passaram por Le Havre a partir de 1887, logo depois da suposta presença deles por lá.

Após o retorno da Suíça, casado e já com três filhos, voltamos a encontrar Leonardo em meio a um dos grandes acontecimentos na história de nosso país. Dom Pedro II e família já estavam no exílio na França e, em meio a uma profunda transformação nacional, se multiplicavam as associações ou "clubes republicanos". Esses clubes já existiam desde 1870, nascidos a partir do manifesto daquele mesmo ano que marcava forte oposição ao poder moderador do Império. Mesmo após o fim da Monarquia, continuaram a surgir clubes (que eram menos comuns no Nordeste antes da Proclamação da República). No entanto, as diferenças continuavam. Não havia uma entidade nacional republicana forte. Mesmo entre os entusiastas da República havia muitas divergências. Pelo que se entende desse manifesto "aos moradores da freguesia da Graça", houve uma divergência intransponível nos preparativos de sua fundação em março de 1890:

> Nós abaixo assignados, moradores no 2º districto da Graça, convidados hoje 27, para comparecer a uma reunião, convocada para a função de um Club Republicano, ahi comparecendo, fomos obrigados a retirarmo-nos da sala da sessão, em vista do procedimento do Dr. Albino Meira, que, convidado a explicar o meio prático do manifesto de 11 de dezembro de 1888, (uma vez que se declarara que o mesmo club devia fundar-se sob as bazes do referido manifesto, para a sustentação da República Unitária e o que era Unitarismo, negou-se á isto dizendo: "que não devia fazer questão de princípios política quando a Idea superior era a causa da Republica. Ainda, não obstante ter-se dito que sendo o principio do manifesto Unitarista, devia-se abstrahir de Federalista ou Unitarista para a função do club, não foi aceita esta Idea pelo mesmo Dr., e sendo por este declarado que "aqueles que fizessem questão da Idea federalista, nada mais tinham que alli fazer, e que portanto podiam retirar-se", assim o fizemos e unanimamente resolvemos fundar um Club Republicano Federalista, e para isto

convidamos a todos os cidadãos residentes na parochia da Graça, para reunirem-se na casa a rua de Santo Elias n. 4, (no espinheiro) no domingo 30 do corrente, às 6 ½ horas da tarde [...].

Dr. Albino Meira, ao que tudo indica, refere-se a Albino Gonçalves Meira[29], o qual um mês após a frustrada reunião foi nomeado governador de Pernambuco, tendo durado pouco mais do que esse mesmo tempo no cargo. Naquela República neófita, a transição foi algo tumultuada em Pernambuco, ratificando o desentendimento ideológico e político já manifestado na freguesia da Graça.

A segunda reunião, no espinheiro, foi feita no dia combinado e fundou-se o "Club Republicano Federalista da Graça". De forma preliminar, ocupou a direção provisória o major Joaquim Francisco de Moraes, tendo convidado para as cadeiras de secretários da diretoria os senhores Herculano Hollanda dos Santos e Antonio Augusto da Frota Menezes. Para a redação dos estatutos, foram nomeados Antonio Vicente do Nascimento Feitosa, João Ramos, **Leonardo Schuler filho**, Adolpho Bandel e Alvaro Antonio Ferreira. Como curiosidade histórica, ao analisar as atas dessa e das demais reuniões, notamos a presença de Antonio Vicente do Nascimento Feitosa, Vicente Augusto do Nascimento Feitosa e Tertuliano Francisco do Nascimento Feitosa. Três irmãos que, imagino, deveriam estar mais do que satisfeitos nesse entusiasmo da nova ordem política, e talvez com um sentimento de orgulho e ao mesmo tempo pesar, ao não poder compartilhar aquele momento com o pai, Antonio Augusto do Nascimento Feitosa, advogado e jornalista simpatizante, ainda que tardio, do movimento praieiro republicano quatro décadas antes[30,31].

Percebemos que o nome de Leonardo, o filho, que já fora grafado como "Junior", foi agora grafado como "Filho". Infelizmente não foram ainda encontrados documentos de nascimento ou batismo de Leonardo. Em minha opinião, "Filho" e "Junior" foram usados para não haver confusão com o nome do pai. Receio que oficialmente ele não carregava nenhum dos dois. Uma descoberta interessante e fundamental para parte de nossa família: Leonardo e o major Joaquim certamente não suspeitavam (ainda), mas seus filhos **Vevinha** (Genoveva de Moraes) e **Pequeno** (Leonardo Daniel Schuler), então com 6 e 4 anos de idade, respectivamente, se casariam no futuro e deixariam uma descendência abundante, incluindo este que vos escreve. Nada surpreendente, dada a proximidade política entre os pais moradores na mesma freguesia.

No ano seguinte, 1891, no registro de ordenamento das habitações da região, achamos **Leonardo Schuler Filho** como proprietário da casa situada na travessa do Portela, número 1. Trata-se da atual rua Conselheiro Portela, no espinheiro. Foi residência da família por muitas décadas.

Apenas em 1894 temos evidências do exercício de sua profissão no Recife. Publica um aviso informando à sociedade que:

> Leonardo Schuler Filho, antigo relojoeiro da casa do fallecido tenente-coronel Augusto Fernandes do Rego, avisa aos seus numerosos frequezes e amigos, que se acha estabelecido com officina de relojoaria e lunetaria, na praça da independência n. 18, sob a firma social de Barros & Schuler, onde continua na sua profissão, promettendo servir a contento de todos.
> Na mesma casa encontrarão os seus freguezes e amigos relógios e lunetas de todas as qualidades e tudo quanto for tendente aos mesmos.

Augusto Fernandes do Rego era proprietário, inicialmente em sociedade com Manoel Martins Fiusa e depois sozinho, de loja de joias à rua do Cabugá n. 9 (essa rua ficava junto à praça da Independência e não existe mais) chamada Ville de Paris. No ano de 1893, partiu para a Europa para tentar se recuperar de alguma doença grave. Faleceu pouco tempo depois e foi preparado para isso, pois deixou testamento distribuindo dinheiro para seus afilhados, dentre eles possivelmente seu próprio testamenteiro Manoel Martins Fiusa Junior, filho de seu ex-sócio.

Podemos imaginar, então, que Leonardo Schuler (filho) voltou da Europa e trabalhou por muitos anos como funcionário na loja Ville de Paris, até a morte do proprietário. Continuou depois a trabalhar muito perto do antigo emprego, dessa vez como sócio de loja, como vimos no anúncio citado.

Os negócios da Barros & Schuler, novo trabalho de Leonardo, perduraram. Três anos depois, aparece na lista de "lojas de joias ou relógios" para efeito de pagamento de impostos ao tesouro do Estado. Pelo valor devido, figurava entre as mais modestas, devendo naquele ano 295 mil-réis. Pouco, se comparado à loja de Joseph Krause, com quase vinte vezes esse valor.

Examinando o mapa da cidade mostrado na Figura 5, de 1875, conseguimos vislumbrar seu possível trajeto diário ao trabalho, que mudou muito pouco com a mudança de emprego. Usava o ramal dos Aflitos (ou do Arraial), que continha cinco paradas: estrada dos Aflitos, igreja dos Aflitos, Tamarineira, Mangabeira e Casa Amarela. Pegava a composição bem perto de casa, provavelmente na parada que ficava ao lado da Capela de Nossa Senhora dos Aflitos (na estrada dos Aflitos, atual Conselheiro Rosa e Silva). Havia bilhetes únicos, ida e volta e assinaturas mensais, além das modalidades de primeira e de segunda classe, estas custando a metade do preço. A distância até a estação central, no Recife, era de 3.845 km e, desde os Aflitos, segundo tabela de horários de 1886[9], percorria-se em cerca de vinte minutos, com primeira viagem às 6h15. Passava pela atual praça do Entroncamento, onde havia a junção com a linha que vinha de

Dois Irmãos por Casa Forte/Ponte do Uchôa. Cruzava o riacho e entrava pela rua Conde da Boa Vista. A maxambomba seguia em velocidade controlada por normas, nem sempre respeitadas, com máximas de 12 km/h mais ao centro e 16 km/h em locais menos povoados[8]. Pouco depois cruzava a rua da Soledade, com a visão à sua esquerda da Igreja de Santa Tereza ao lado do quartel de polícia. Antes da parada seguinte, passava pela rua do Hospício, ao fim da qual a igreja onde seus pais se casaram, a matriz da Boa Vista[32] (Figura 19), estava finalmente concluída (desde 1889) e exibindo sua nova fachada em pedras de lioz (tipo de pedra calcária extraída em Portugal e presente em numerosos templos e palácios, por exemplo, no Mosteiro dos Jerônimos). As pedras vieram prontas de Portugal, transportadas em juntas de bois desde o porto e cuidadosamente montadas como um quebra-cabeça.

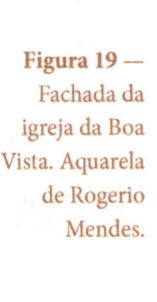

Figura 19 — Fachada da igreja da Boa Vista. Aquarela de Rogerio Mendes.

Chegava à rua da Aurora e atravessava o rio pela ponte exclusivamente ferroviária construída pela Brazilian Company Limited, situada entre a ponte da Boa Vista e a ponte de Santa Izabel. Era conhecida de forma bem apropriada como ponte de Maxambomba e mais tarde foi reformada, dando origem à atual ponte Duarte Coelho (Figura 20).

Figura 20 — Maxambomba sobre o rio Capibaribe, em Recife, 1900 — atual Ponte Duarte Coelho.

Já no bairro de Santo Antônio, o bonde pegava a esquerda e fazia o contorno pela parte Norte da ilha, à sua direita passando pelo Lycêu de Arte e Officios e à sua esquerda vislumbrando o Theatro de Santa Izabel (Figura 21) e logo depois o Palácio da Presidencia, já no Campo das Princesas. Ainda contornando a ilha, logo chega à estação principal do Caminho de Ferro de Caxangá, ao lado da ponte Sete de Setembro (atual Mauricio de Nassau). Uma curta caminhada de dois quarteirões e já estava no trabalho, na região da praça da Independência.

Figura 21 — Teatro de Santa Isabel. Cartão postal com dedicatória datada de 1904, da coleção Josebias Bandeira, FUNDAJ.

A paisagem do trajeto devia ter seu encanto. Todavia, na manhã de sexta-feira do dia 9 de julho de 1897, qualquer encantamento se desvaneceu assim que chegou ao trabalho. Imaginemos o imóvel arrombado e os móveis e cofres revirados e violados. Ladrões, curiosamente de nomes aparentemente franceses, tinham invadido o local durante a madrugada. Justiça seja feita; como veremos neste relato publicado em novembro do mesmo ano, a justiça foi feita e não tardou:

> Hontem foram submettidos a julgamento os réos François Gilbert e Augusto Sharprot por terem na noite de 8 para 9 de Julho do corrente anno penetrado no estabelecimento commercial, à Praça da Independencia n. 18 pertencente a firma commercial Barros & Schuler, de onde subtraíram contra a vontade de seus donos, relógios, objectos de ouro, prata, nickel e plaquet.
> Foi advogado o Dr. Luiz Amydio Rodrigues Vianna.
> Em vista das decisões do jury foram condemnados a 9 anos e 4 mezes de prisão simples e 20% do valor dos objectos roubados.

Pelo que podemos observar nos impostos devidos de 1899, os negócios talvez tenham piorado. O valor era proporcionalmente bem menor (até cem vezes) do que o pago pelas outras lojas de mesma natureza. Em 1902 estava Leonardo pagando impostos como "concertador de relógios" em um novo endereço, à rua Dr. Rosa e Silva, n. 73, na freguesia da Boa Vista, onde havia também barbeiros, um "concertador" de piano, alfaiates, fotógrafos e sapateiros. Não confundir com a atual avenida Conselheiro Rosa e Silva. Dr. Rosa e Silva foi um dos nomes da atual rua da Imperatriz (Tereza Cristina), que mudou temporariamente de nome, imagino eu, ao sabor dos ventos republicanos. A sociedade da empresa Barros & Schuler tinha se dissolvido de maneira amigável exatamente no último dia do século XIX, em 31 de dezembro de 1900. Seu sócio, José Procópio dos Santos Barros, continuou como proprietário único.

No mesmo endereço na praça da Independência, em 1904, já funcionava outro estabelecimento com a mesma natureza. A publicação nos leva a alguma tristeza por esse percalço profissional de Leonardo, mas nos permite ao menos conhecer o nome de sua antiga loja, "La Montre Suisse" (grifo meu):

> E. H Lauritzen [...] com grande pratica tendo trabalhado na Inglaterra, estados-Unidos, Scandinavia e Allemanha, possuindo machinismo e instrumentos dos mais aperfeiçoados para qualquer concerto de relógios, assim como para fazer peças novas, offerece seus serviços ao illustre publico garantindo qualquer feito.
> N.B. — Convem que se saiba.
> Que nesta casa 18 praça da Independencia tinha antigamente relojoaria sob o nome "La Montre Suisse" com a qual não desejo ser confundido.

Tentei encontrar, em vão até o momento, relação entre o relojoeiro Erick H. Lauritzen e a família que comandou a cidade de Campina Grande (Paraíba) durante décadas entre fins do século XIX e início do século XX, principalmente sob o patriarca Christian Lauritzen, imigrante dinamarquês.

La Montre Suisse, que havia sido fundada em 1886, possivelmente apenas por José Procópio, mudou de endereço pelo menos mais duas vezes, a última delas após despejo em 1911. Pouco tempo antes, ele se envolvera em altercações públicas com um rival, pelo qual fora acusado de ter sido expulso de alguns círculos sociais e por ter um temperamento sanguíneo e instável. O rival advertiu ainda que esse comportamento algum dia lhe faria mal à saúde. Coincidência ou mau agouro, naquele mesmo ano falecia o antigo sócio de Leonardo Filho, com apenas 44 anos e sem evidências de filhos no necrológio, deixando viúva a Sra. Amélia dos Santos Barros.

A despeito de uma possível sociedade não bem ajustada na Barros & Schuler, o declínio profissional de Leonardo pode ter se relacionado com algum problema crônico de saúde. O atestado de óbito apontou como causa "nephrite", o que nos faz especular sobre uma possível insuficiência renal que o acometia de modo insidioso. Faleceu no dia 4 de julho de 1906, ainda muito jovem. Publicação no dia seguinte, com talvez um eventual equívoco em sua nacionalidade (ou teria dupla nacionalidade após adulto?), revela:

> Às 11 horas de hotem, nos Afflictos à travessa do Portella onde residia, succumbiu a antigos padecimentos o conhecido e estimado relojoeiro suisso Sr. Leonardo Schuler, aos 52 anos de edade.
> Era casado com exma. Sra. D. Elizabeth Schuler, tendo deixado quatro filhos.
> Paz à sua alma.

"Papa Schuler" era como meu avô por vezes se referia a ele. Infelizmente não conheceu nenhum dos numerosos netos que poucos anos depois começariam a vir ao mundo. Seu filho temporão enviou cupons em seção de homenagens do jornal *A Província* publicada no dia 4 de julho de 1911, demonstrando a saudade que sentia do pai. O pequeno Luis contava com 9 anos de idade:

> Coupons remetidos hontem ao nosso escriptorio [...]
> Para o Instituto de protecção e assistencia a infância: o pequeno Luiz Eduardo Schuler, 43, commemorando

o quinto anniverssario da morte de seu pai, Sr. Leonardo Schuler [...]

Elisabeth, sua esposa, viveu até os 90 anos de idade e deixou boas recordações em seus netos. Dois deles, os primos Nadinho e Carlito, revelaram a mim em conversas distintas um grande carinho pela avó. O primeiro, Leonardo de Moraes Schuler, costumava dizer que ela ensinou francês aos netos. O segundo, Carlos Emílio Schuler, recordou-se de ouvir a avó, já no fim da vida e com alguma senilidade, passar a falar em língua alemã.

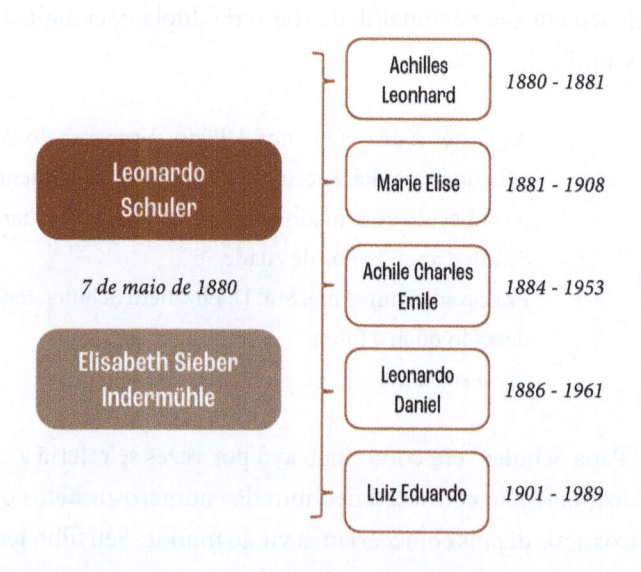

Pais	Filhos	Período
Leonardo Schuler + **Elisabeth Sieber Indermühle** (7 de maio de 1880)	Achilles Leonhard	1880 - 1881
	Marie Elise	1881 - 1908
	Achile Charles Emile	1884 - 1953
	Leonardo Daniel	1886 - 1961
	Luiz Eduardo	1901 - 1989

6

Maria Henriqueta

Se minha memória não me engana, e ela muitas vezes o faz, lembro-me de meu avô dizendo que havia uma "tia Quetinha". Infelizmente, não me recordo de mais detalhes e creio que ele não me contou mais nada a respeito dela.

A terceira filha tinha apenas 9 anos na ocasião do falecimento da mãe. Sobre ela não temos informações até os seus 18 anos, no seu casamento, cujos proclamas ocorreram em junho de 1888 no Recife. O noivo provavelmente era tão jovem quanto, pois publicação datada de 1884 do "Instituto Nossa Senhora do Carmo, instrução primária, secundária e recreativa", fundado à rua São Francisco, palacete n. 72, citava entre os alunos que prestaram exames finais para as "primeiras letras" um Manoel Mathias de A. Villarouco. Ele foi aprovado com distinção (melhor qualificação entre os aprovados), assim como no exame de entrada na escola, sete anos antes.

Era filho de Mathias de Azevedo Villarouco e Constança Gonçalves Lomba Villarouco. Partindo da premissa de que os casamentos não eram tão livres como atualmente, não foi surpresa achar o pai do noivo à mesma época e em funções similares às do pai da noiva. Mathias (o pai) era comerciante já em 1850, com loja de fazendas no centro do Recife, primeiramente na rua do Collegio n. 1 e depois na rua do Queimado n. 7. Era homem de alguma posse, pois naquele mesmo ano lhe fugira um escravo, de nome Luis:

> [...] de nação, de 35 annos; levou três camisas, sendo duas de algodão trançado, uma azul e outra de listras novas, outras de madapolão já usada, com as marcas M.A.V, duas calças novas de algodão trançado, uma azul e outra de listras, um chapéo de palha pequeno muito velho e outro de pello já usado [...] roga-se as autoridades policiaes e capitães de campo, que o apprehendam e levem-no a rua do colégio, n.1.

Era português, tendo participado em posição de destaque nas homenagens e honrarias promovidas em 1862 pelos súditos residentes em Pernambuco por ocasião da morte do jovem e benquisto rei D. Pedro V. No ano seguinte, foi à falência, tendo por isso sido alvo de chacota e, de pronto, ardorosamente defendido em publicações nos jornais. No entanto, não perdeu o prestígio, sendo agraciado com a ordem de Cristo no mesmo período. Também não parece ter perdido o tino para os negócios. Em 1882, após seu falecimento, a viúva coloca a leilão sua fábrica de cerveja, com:

> [...] Quatro toneis para cerveja, 5 ditos para vinho, 4 ditos para genebras, 1 alambique para genebras, 2 grandes tinas para cerveja, 1 grande caldeira par o fabrico de cerveja, 1 dita pequena para fabrico de diversos líquidos, 2 grandes bombas, pipas com vinagrem 1 grande tanque de ferro, 1 moinho para cevada, 1 dito para baga de zimbro, 2 máquinas para engarrafar, 2 ditas para arrolhar, 2 barricões com bagas de zimbro, 1 machina para capsular e diversos gêneros e 1 carroça [...].

Em 1890, Manoel Mathias (o filho), já casado, foi nomeado, pelo Ministério da Marinha, "coadjuvante de quarta classe do serviço technico da comissão do porto de Pernambuco". Encontramos o casal Manoel e Maria Henriqueta em Maceió, em 15 de novembro do ano seguinte, no nascimento do filho Jorge. Na certidão consta: "[...] residentes naturalmente nesta cidade, onde o declarante exerce o emprego de coadjuvante technico das obras de melhoramento do porto deste estado [...]".

Tiveram três filhos, Jorge, como vimos anteriormente, Manoel e Joakim, este nascido em 1895, no Recife. Manoel possivelmente era cerca de dois anos mais velho do que Jorge (coincidindo com nascimento aproximadamente em 1889), pelo que se depreende desta publicação em dezembro de 1901 (grifo nosso):

> No dia 30 do mez findo, realizaram-se, em presença de muitas familas, os exames do collegio da Estrada dos Afflictos, dirigido pela professora d. Flávia Catão Lopes Schuler[...] o resultado foi o seguinte:
> 1.º gráo. — Arthur Brederodes de Vasconcellos França. — Distinção e louvor. Clotilde da Costa Ramos, Laura Clates, Jorge Frederico Schuler Villarouco e João Carlos Walter. — distinção.
> [...]
> 3.º gráo. — Zulmira da Costa Ramos, Alice da Silva Campos e Manoel Antônio Schuler Villarouco. — distinção e louvor.
> Aos convidados foi offerecido um copo d'água, seguindo-se depois as danças até alta madrugada.

Além da singeleza do copo d'água para animar uma festa que varou a madrugada, ressaltemos a proximidade familiar nessa publicação. Flávia Catão Lopes Schuler, a diretora da escola, era esposa de Rufino Schuler, ambos tios dos alunos Manoel e Jorge. O endereço, na estrada dos Afflictos, corresponde à mesma região onde os avós paternos das crianças residiam.

Algum tempo depois, o casal migrou para a Paraíba. Encontramos o filho caçula Joakim em 1908, aos 14 anos, sendo aprovado ao fim do ano letivo no "Lyceu Parahybano".

Maria Henriqueta aparentemente viveu parte da vida na Paraíba. Faleceu, no entanto, em Olinda, já viúva, na casa do filho Manoel, à rua do Sol, n. 25. Era 21 de maio de 1931, e ela tinha 71 anos.

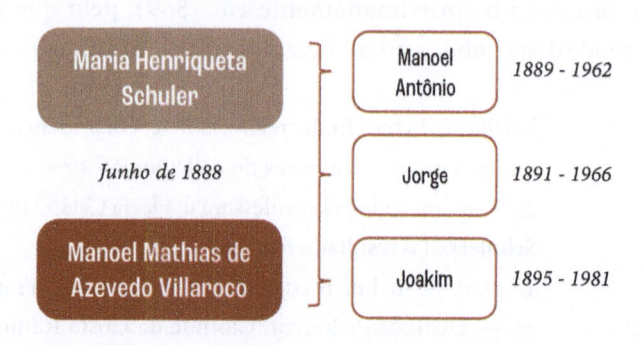

Maria Henriqueta Schuler	Manoel Antônio	1889 - 1962
Junho de 1888	Jorge	1891 - 1966
Manoel Mathias de Azevedo Villaroco	Joakim	1895 - 1981

7

Rufino

Em colaboração com Flavio Pietrobon Costa

Caso algum dia haja a necessidade de exibi-la, temos uma prova de que o compromisso de Leonhard junto à autoridade religiosa no dia de seu casamento (ver Capítulo 2) foi cumprido, pelo menos em parte. Na lista de batizados do ano anterior, publicada em janeiro de 1862, consta, entre um Francisco e um João: "Rufino, branco, nascido em 7 de abril deste anno, filho legítimo de Leonardo Schuler e Joaquina Aguiar dos Santos Schuler".

Notemos que o nome da mãe aparece com os sobrenomes em ordem diferente do habitual, com o nome paterno (Santos) ao fim, embora esse formato seja uma exceção entre as publicações observadas, talvez um pequeno erro, o que não era incomum.

Encontramos Rufino novamente, como já vimos, se despedindo da avó materna Marcelina, já adulto, aos 21 anos. Pouco tempo depois, em 1885, estava ele participando dos preparativos para a criação da Associação dos Empregados do Comércio de Pernambuco. Pelo visto, seguiu a profissão do pai e da família materna, no ramo do comércio. Sabemos disso em uma publicação comemorativa por ocasião dos 40 anos de fundação:

> [...] resolvida a fundação da sociedade, foi, desde logo, acclamada a diretoria provisória, cuja presidência recaiu, como era natural, em Nereu Maciel.
> Essa diretoria nomeou uma comissão composta de João Francisco de Moura, Ulysses Ponce de Leon, Manoel

Fereira Mendes de Azevedo, Antônio Elysiario do Couto Soares, João Benigno da Silva, Rufino Schuler, Eugenio Samico e Adolpho Jardim Guedes Alcoforado, para confeccionar os estatutos primitivos [...].

Conhecemos a sua letra em 1890, como veremos em detalhe no capítulo seguinte sobre sua irmã caçula Maria Antônia, na qualidade de empregado do comércio na Graça. Pelo local de trabalho, meu palpite é que residia próximo à família, talvez perto da estrada dos Aflitos.

Assinatura de Rufino:

Figura 22 — Assinatura de Rufino.

Último dos irmãos a se casar, em maio de 1892 corriam os segundos proclamas de "Rufino Schuler, morador da freguesia da Graça com D. Flávia Catão Lopes, moradora em Beberibe, freguesia de Olinda".

Em 1897 aparece em uma lista como eleitor do distrito da Graça. Pouco depois o encontramos em uma lista de participantes e organizadores da festa de Nossa Senhora da Saúde de 2 de fevereiro de 1898. Nessa lista, podemos reconhecer nomes que surgirão em algum momento na história da família, decerto por relação de vizinhança e amizade, como os Amorim, os von Sohsten e os Loyo. No fim do ano, na sessão "álbum de família" do jornal, tem início uma tradição que perdurará por toda a vida do casal. Poucas vezes (e possivelmente por falha deste pesquisador) Flávia Matilde Catão Lopes Schuler deixará de ser publicamente felicitada pelo seu aniversário, a cada 12 de novembro.

Flávia era filha de Clarinda Vestina Catão Lopes e de João de Almeida Lopes, este tendo exercido o cargo de juiz de direito de Caxangá. Temos informações da então jovem estudante desde 1880, recebendo prêmio pelo desempenho no ano letivo no "Collégio N. S. da Graça". O colégio funcionava em uma chácara, no n. 10 da ponte de Uchôa, tinha frequência apenas feminina, sob direção de Anna Carroll, e publicava anualmente os resultados finais. Na propaganda, destacava a grade curricular:

> Linguas: portuguez, francez, inglez, allemão e italiano Sciencias: geographia, astronomia, arithmetica e historia Artes: musica, vocalisação e piano; desenho a óleo, a crayon e a aquarella, e todo e qualquer trabalho de agulha.

Flávia estava lá, ano a ano, quase sempre com distinção. No fim do ano letivo de 1884, apresentou peças de piano em solo (*Un ballo in maschera*) e a quatro mãos (*Feder Maus* e *Grande valse* de Schulhoff). No fim de 1885, é aprovada em francês na academia. Impensável nos dias atuais, o ensino para mulheres era de certa forma excludente, de duração menor e com preparação para o magistério e para a vida do lar[33,34], lembrando que antes dos 18 anos as mulheres já estavam aptas para o ensino. Além disso, à época, era acessível apenas aos estratos sociais mais favorecidos. Fato é que, em 1901, Flávia Catão Lopes Schuler já estava regendo a "Escola particular Mixta dos Aflictos" (ou da Tamarineira, como mais tarde apareceria), tendo seus sobrinhos Manoel e Jorge entre os alunos.

Rufino aparece fazendo parte de um clube, aparentemente de natureza social: "Sessão de instalação do Club das Navalhas, com sede no Arrayal, em data de 20 de dezembro de 1898".

Eleitos o provedor, vice-provedor, secretários, tesoureiro, oficial de gabinete, bibliotecário, médico afiador, adjunto de médico afiador, mestre farmacêutico, mestre fiscal, contínuo, advogado, azeiteiro, borrificador e, finalmente, os afiadores, dentre os quais o nosso Rufino, ao lado de um **Dr. Ricardo Brennand** (provavelmente avô do escultor Francisco Brennand).

Entre 1898-1901, Rufino surge embarcando para exportação produtos diversos, como:

> "1 caixa com 45 kilos de doce" para Santos,
> "1 caixa com diversos artigos" para Londres,
> "2 barricas com 40 abacaxis" para Southampton,
> "1 caixa com 50 kilos de biscoitos" para o Ceará,
> "2 barricas com 50 abacaxis" para Lisboa em duas ocasiões, e
> "1 caixa com 45 kilos de assucar refinado" para Natal.

Pouco depois, em 1904, foi inventariante dos bens do tio materno José Marques dos Santos Aguiar, o mesmo citado anteriormente (ver Capítulo 2), em questões com a mãe. Aqui, a família finalmente se despede da velha propriedade entre as estradas dos Aflitos e do Rosarinho, e podemos visualizar alguns detalhes:

> Leilão de um grande e importante sítio na estrada dos Afflictos n. 1, com 2 frentes, sendo uma para a referida estrada, medindo 220 metros e outra para a estrada do Rosarinho com 201 metros, com 2 extremas sendo que uma mede 324 metros, tendo grande baixa de campim, boa água etc. tendo também 2 grandes casas de pedra e cal, sendo uma em perfeito estado de conservação com 4 janellas e 1 porta de frente, 3 grandes salas, 2 quartos despensa e cosinha no andar térreo, sótão com 3 quartos, uma grande sala, etc. Uma outra grande casa em máo estado com 4 janellas e porta de frente, 3 salas e 7 quartos, sendo o sitio bem arborisado com tanque, banheiro e 31 casinhas as quaes pagam de 16 a

64$000 mensaes, o referido sitio tem a frente murada com portão de ferro e em terreno próprio.

No Recife, segundo relata a arquiteta Solange de Aragão[35], havia "dois tipos de residência urbana (o sobrado e a casa térrea) [...] dois tipos de residência semi-urbana: o sítio (residência permanente) e a casa de campo (para alugar ou para 'passar a festa') [...]".

O sítio pertencia à família, talvez, desde os tempos de Colônia (ver Capítulo 2). Foi, portanto, residência da família por cerca de 70 anos. É possível que tenha passado por reformas ao longo do tempo. A descrição das casas e do terreno em 1904, ainda que não detalhada, dá algumas pistas sobre o estilo. O uso de pedra e cal reflete um modelo já antigo, embora distinto e mais valorizado do que a construção em taipa. A referência da fachada com quatro janelas e porta de frente, apesar do viés da propaganda, intenta demonstrar alguma virtude. Podemos imaginar a disposição dos cômodos. À época, no geral, a sala (ou salas) à frente, com quartos em posição intermediária e cozinha ao fundo[4]. Entre os cômodos descritos, nota-se a ausência do banheiro interno. Com exceção de palacetes e casas de campo dos mais abastados, em geral as casas, sítios e sobrados não tinham o banheiro como cômodo separado. A higiene pessoal começou a ganhar importância, até mesmo no campo da saúde pública, na transição para o século XX. Em quase todo o século XIX, os banhos comumente eram "de gato", com uso de bacias ou tinas dentro de casa ou mesmo o uso de tanques do lado de fora. No sítio da família, havia um banheiro descrito na parte externa da casa, o que, a depender da época, já era um avanço. O anúncio também se refere, de maneira positiva, à presença de "boa água" no sítio. Poderia ser um olho d'água, um córrego, um poço ou uma cacimba. Essa era uma vantagem das propriedades mais afastadas do centro urbano, considerando que o sistema de água encanada (limpa) e esgoto (água servida) inexistia ou era incipiente. Na região central, havia um grande trabalho em se levar água limpa e retirar as utilizadas. Antes da abolição, usualmente eram os escravos que penavam diariamente nesse serviço. Eram conhecidos como "tigres", pelas marcas deixadas na pele, ao longo do tempo, pelos elementos químicos que vazavam dos barris repletos de dejetos. Nos altos sobrados do Recife, as "águas servidas" também eram arremessadas pelas janelas, não raro atingindo, por vezes intencionalmente, algum transeunte desprevenido. Em 1831, houve-se por bem elaborar uma lei obrigando os emissores a avisar, repetindo por três vezes em voz alta[4]: "Água vai!".

Nesse mesmo ano Rufino sai do emprego na firma Abrantes e, quatro anos depois, sabemos que já estava com a família na Paraíba, pois já saía a habitual nota de aniversário de sua esposa no jornal *O Norte* daquele Estado.

Por ocasião de 1912, mais precisamente no dia 18 de maio, o casal "ganha" uma filha: Olindina da Silveira Schuler; mais tarde, por casamento com Antônio Costa, celebrado em 1928, realiza mudança de nome e passa a se chamar Olindina Schuler Costa. A princípio, uma indicação trivial de nome da filha de Rufino, mas que, em uma análise mais atenta de seu sobrenome, manifesta uma história típica do período de domínio dos "coronéis" da Força Pública sobre a política brasileira e, mais especificamente, sobre a política nordestina durante a República Velha (encerrada com a Revolução de 1930). Essa revelação é portada por Olindina em seu nome de solteira, **Olindina da Silveira Schuler**, que gera a interrogação sobre a origem do sobrenome Silveira.

Novamente, é importante a intervenção da história oral, passada internamente nas famílias, para esse esclarecimento. Por meio de conversas com seu genro, Antônio Costa, o comerciante Rufino

Schuler revelou a origem dessa aparente confusão de sobrenomes. Durante seu casamento com Flávia Matilde, não resultaram filhas ou filhos biologicamente descendentes de ambos. Ocorre que um envolvimento amoroso ocorreu na vida de Rufino fora do casamento, com uma mulher de nome Idalina Maria da Silveira. Esta era casada com um "capitão" da Força Pública, o senhor Ricardo Soares da Silveira, que, conta-se nesse ramo familiar, seria tio-avô do ator e comediante Jô Soares, história confirmada posteriormente por Orris Schuler Costa, filho de Olindina Schuler Costa. Por ocasião de um voo de retorno a trabalho, do Recife para o Rio de Janeiro, para onde foi residir em 1952, o Sr. Orris Schuler Costa tomou assento, coincidentemente, ao lado do referido humorista e, conversando sobre a origem comum das famílias, na Paraíba e Pernambuco, identificaram as ligações comuns com aquele "capitão" (e aqui justificamos as aspas por serem patentes adquiridas não por formação militar, mas sim por compadrio político e posses econômicas).

Voltando a Rufino e Olindina, a menina era filha biológica de Rufino com Idalina, que, sendo casada, e buscando esconder a infidelidade do marido Ricardo Silveira, nada lhe comunicou sobre a origem da gravidez, sendo a menina, Olindina, registrada oficialmente como filha de Ricardo.

O capitão Ricardo foi reformado da Força Pública em 1917, conforme publicação de outubro de 1917, com previsão de receber, para o ano de 1918, a remuneração de 2:160$000 (dois contos, cento e sessenta mil-réis)[36]. Valor significativo, que indicava ser pessoa de importância na política da província da "Parahyba". O capitão Ricardo era tido como homem de palavra e honra, sendo pessoa-chave em acontecimentos locais, por exemplo, na qualidade de testemunha fundamental que inocentou outros militares por ocasião do arrombamento da cadeia pública em 1874 pelo bando do cangaceiro Jesuíno Brilhante[37]:

> Respondeu que achando-se em caza de sua sogra Matermiana de Torres Bandeira, ahiforão ter tres dos assaltantes da cadeia desta cidade i mais dos prezos evadidos da mesma Cadeia, um de nome Marinho ignorando o nome do outro, e que os assaltantes que por hai passarão um chamava-se Latada, outro Caxiado e outro Feter Antonio conhecido por Cana Brava os quais me disseram que tinhão ido por chamado de Jesuíno Alves Joaquim Monteiro arrombar a Cadeia de Pombal, para della tirarem o seu irmão de nome Lucas que se achava prezo. Disse mais que João Alves tambem acompanhara a Joaquim Monteiro e a Jesuíno, sendo João Alves, Filho e não João Alves Pay foi quem a companhou a seus irmãos para o arrombamento da Cadeia. (PROCESSO CRIME, 1874)

Além desse envolvimento, o capitão Ricardo Silveira colecionou desafetos e inimigos, como os integrantes do bando do cangaceiro Antônio Silvino (Figura 23), quem, dentre outros oficiais, esse capitão tinha desejo de assassinar, como destaca Deuzimar Matias de Oliveira em sua obra[38]:

> Após quarenta anos da prisão de Silvino, os jornais locais ainda publicavam artigos informando que o interesse de assassiná-lo ou prendê-lo era comum aos oficiais dos quatro Estados onde Silvino marcou presença (Jornal de Campina, 01 de novembro de 1953). Assim, para se falar apenas no Estado da Paraíba, podemos citar o nome de Paulino Pinto, José Ramalho de Luna, Ricardo Soares da Silveira, José Gouveia, Joaquim Henrique de Araujo, Antonio Maurício Pereira de Melo, Raimundo Rangel de Farias, Elisio Sobreira, Augusto

Gonçalves de Lima e os sargentos Avelino Diniz da Penha, Manoel Rangel de Farias, etc.

O capitão Francisco Leite Ferreira Tolentino foi um oficial da Polícia paraibana que revelou sincero interesse de capturar Antônio Silvino. Lutou debalde apesar de ter entrado em combate várias veses e em todas o chefe do bando se evadia e os cangaceiros, sem direção, debandavam-se. Mas Silvino, precavido, indicava certos pontos onde os cabras deviam reunir-se após um tiroteio. E quando Chico Tolentino supunha ter desbaratado, eis que o grupo ressurgia dias depois com muito mais impetuosidade. (Idem)

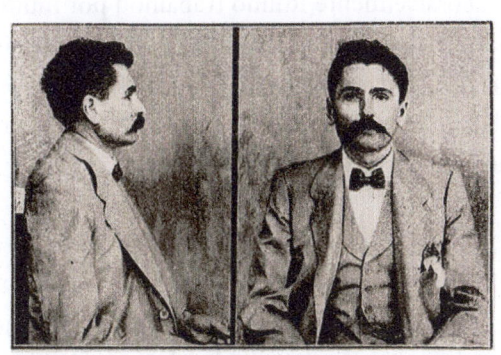

Figura 23 — Antônio Silvino.

Ocorre que, em função das lutas políticas, e possivelmente envolvendo desafetos adquiridos na luta contra cangaceiros, o capitão Ricardo Silveira, de acordo com a história oral familiar, foi assassinado, provavelmente entre 1917-1918. Sua esposa, em defesa de sua honra e em vingança pelo assassinato, procedeu à morte do mandante, cujo nome ainda não foi localizado, sendo ela mesma, em seguida, morta pelos jagunços desse mandante. Restou sozinha a menina, Olindina, sem adultos próximos para cuidar dela.

Rufino Schuler, pai biológico e de alguma forma apegado à menina, em angústia de como proceder, não contando com descendentes biológicos gerados com a própria esposa, Flávia, tomou uma decisão: conversou com Flávia e relatou toda a história, dizendo que não podia abandonar a menina em um orfanato. A senhora Flávia, conhecida por seu cuidado com crianças, primeira mulher formada em Direito na Paraíba, prontamente envia Rufino a trazer a menina para passar a ser filha, e cuidada como filha, deles. História essa de conhecimento de Antônio, relatada pelo próprio Rufino Schuler, quando esse, Antônio, com namoro já avançado, buscava realizar os arranjos matrimoniais que lhe permitissem o casamento com Olindina, ela então com 16 anos.

Possivelmente Rufino trabalhou por muitos anos na Paraíba, e temos indícios de que voltou a morar no Recife. Foi uma grande chateação, mas nos permitiu conhecer seu endereço e alguns de seus objetos pessoais em 1919, quando foi publicada no jornal a notícia de um roubo:

> Hontem, pela manhã, os amigos do alheio penetraram na casa de residência do Sr. Rufino Schuler, no pateo do Terço, n. 41, furtando vários objectos pertencentes ao mesmo senhor, inclusive 1 chapéo Chile, 1 terno de casemira e 1 pince-nez de ouro [Figura 24].
> A victima que horas depois deu por falta dos objectos furtados, apresentou queixa ao tenente Araujo Mello, subdelegado do 1 districto de S. José, o qual encetou as diligencias para descobrir os criminosos.

Figura 24 — Exemplo de pince-nez de ouro.

O chapéu-chile é outra denominação para o mais conhecido "panamá". Evidências de que os gatunos foram presos não foram achadas nos jornais, tendo provavelmente tido menos sorte que seu irmão vinte anos antes.

Em 1921, já estava de volta a Campina Grande, não temos certeza se apenas em visita para uma celebração ou outra vez residindo, pois foi padrinho de casamento naquela cidade:

> Na cidade parahybana de Campina Grande, onde residem, consorciar-se-ão amanhã o estimável moço Sr. José Lopes Guimarães, guarda-livros da filial da firma F. H. Vergara & Cia. [...] e a distincta senhorita Josepha da Fonseca Barbosa [...]
>
> [...] Dos actos civil e religioso, que se verificaram na residência dos genitores da nubente, às 16 e 17 horas, respectivamente, serão paranymphos: no primeiro, por parte do noivo o se. Rufino Schuller, gerente da firma F. H. Vergara & Cia,. E sua exma esposa [...].

Francisco Honorato Vergara, filho de um espanhol, era rico comerciante na Paraíba, dono de um grande "armazém de estiva", além de casa comercial, fábrica de móveis, beneficiadora de arroz etc. Importava ainda vinho e bacalhau. Segundo livro de memórias do sobrinho-neto Sergio Rolim de Mendonça, o armazém foi incendiado por partidários de João Pessoa após o assassinato deste, em 1929, em razão da proximidade política do dono com o governo de Washington Luís[39].

Em mais um 12 de novembro, desta feita em 1927, é felicitada em jornal do Recife "Flávia Schuler", "esposa do comerciante em Campina Grande Sr. Rufino Schuler". Sim, Rufino morava na Paraíba novamente, e me parece que até o fim da vida. Em 1931, aos 70 anos, estava "ausente", ou seja, fora do Recife, quando faleceu sua irmã Maria Henriqueta. Dos irmãos, restavam vivos ele e Maria Salomé. Provavelmente ainda estava na ativa, pois dois anos depois, em registro de falecimento da sogra, constava estar em temporada de trabalho naquele momento no Rio de Janeiro.

Por ocasião do falecimento de Rufino, de causas naturais, já no final dos anos 1940, Flávia Matilde Lopes Schuler foi morar com sua filha e seu genro em Natal, Rio Grande do Norte, à rua Jundiaí, n. 698, onde todos residiram até seus últimos dias. De novo reportando à história familiar, sobre uma conversa em que estava Ana Lúcia, esposa de Orris, filho de Olindina, estando Ana fazendo companhia à "avó" Flávia, em uma tarde no final de 1958, Antônio Costa, chegando mais cedo do trabalho, toma assento e puxa uma prosa com a sogra:

> (Antônio) — E então Dona Flávia... A senhora está com saúde, mas já tem idade, os anos passam...Não é bom levar silêncio sobre coisas que precisamos falar... A senhora não tem nada para me dizer?
> (Flávia) — Não, a vida está boa, é bom ficar aqui na varanda de tarde, proseando com os vizinhos...
> (Antônio) — ... E sobre Olindina? A senhora não quer dizer nada?
> (Flávia) — Não... Ela é boa, cuida de mim que estou velha...
> (Antônio, impaciente) — ... E sobre Olindina menina? Sobre ser filha, não quer dizer nada?

(Flávia) — ... Não... Foi uma menina estudiosa, gostava muito de bordado. E casou com você menina [aos 16 anos], então você sabe de como ela era menina... [E encerrou a conversa — risos.]

Na verdade, só sabemos desses acontecimentos por meio daquela conversa de Rufino com Antônio, quando, com relação à menina que ele ia toda tarde olhar e conversar pela janela da casa dela, meses a fio, pediu a mão de Olindina em casamento a Rufino. Flávia nunca disse nada e se tratavam, ela e Olindina, como mãe e filha, ainda que sempre com uma tensão não muito clara no ar.

Rufino sempre reconhecido por ela, Flávia, e por Antônio como um marido e pai exemplar, amoroso e extremamente apaixonado pela filha. Apaixonado pela esposa, demonstrando publicamente esse amor e, de maneira não dita, a gratidão.

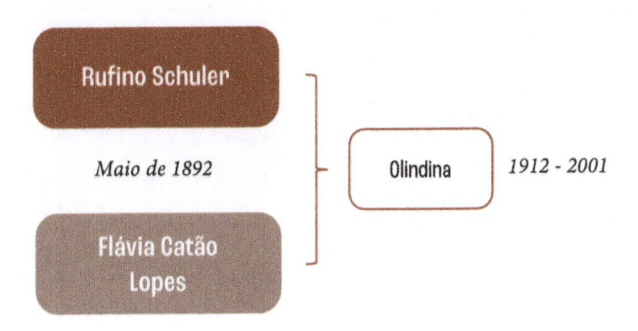

```
┌──────────────────┐
│  Rufino Schuler  │┐
└──────────────────┘│   ┌──────────┐
      Maio de 1892  ├───│ Olindina │  1912 - 2001
┌──────────────────┐│   └──────────┘
│   Flávia Catão   │┘
│      Lopes       │
└──────────────────┘
```

8

Maria Antônia

Sobre a filha temporã temos pouquíssimas informações. Tinha 3 anos quando a mãe faleceu e 16 quando perdeu a avó materna. Uma efeméride nos permitiu encontrá-la em 28 de junho de 1890, aos 25 anos, no primeiro casamento realizado no paço da Intendência Municipal:

> [...] em uma das salas da intendência municipal, e perante crescido número de espectadores, realizou se casarem se civilmente o cidadão Jorge Farmer Brain e a Exma. Sra. Maria Antônia Schuler. Ao juiz, Dr. Lycurgo do Nascimento, offereceu a noiva um lindo ramalhete de cravos [...].

O Prédio da Intendência Municipal, ainda de acordo com o relato noticiado acima, havia sido recentemente inaugurado. Estava localizado na Praça da República, pelo que podemos concluir por meio da imagem no postal a seguir (Figura 25), datado daquele mesmo ano. No canto inferior esquerdo da foto, podemos notar os armazéns do cais da alfândega e, em plano superior, o prédio da alfândega, à época com torres salientes nas extremidades. Infelizmente, não podemos visitar a sala da cerimônia hoje em dia. Nesse exato local, ergue-se hoje o prédio em estilo moderno da Secretaria da Fazenda de Pernambuco.

Figura 25 — Prédio da Intendência Municipal. Cartão postal datado de 1890, da coleção Josebias Bandeira, FUNDAJ.

De qualquer modo, construí em minha memória a lembrança de minha jovem tia-trisavó sorrindo timidamente, oferecendo flores perante a família e conhecidos. Dos irmãos, é possível que apenas a irmã mais velha, Maria Salomé, estivesse ausente e chegaria à cidade dois meses depois, entre idas e vindas da Europa e São Paulo. Rufino, seu irmão mais próximo em idade, foi testemunha perante o juízo, conforme assinatura já mostrada no capítulo anterior.

Como curiosidade, três dos cinco filhos de Joaquina e Leonhard se casaram com europeus não portugueses. Pode ser uma mera coincidência, mas talvez as relações sociais e de trabalho do pai tenham alguma influência nisso (no caso de Leonardo "Filho", indiretamente pela migração reversa). Como se observa no registro do cartório, o noivo era inglês e um pouco mais velho:

> George Farmer Brain, filho de Jorge Brain e Maria Gilbert Brain, já falecidos, com trinta e dois anos de idade, natural da Inglaterra e residente neste estado, na freguesia de Nossa Senhora das Graças, à rua das Pernambucanas, número cincoenta e seis, e dona Maria Antônia Schuler, filha legítima de Leonardo Schuler e Dona Joaquina Januária dos Santos Aguiar Schuler, já falecidos, com vinte e cinco anos de idade, natural

deste estado, residente à rua Augusta número cento e vinte e cinco [...].

Na Figura 26 estão as assinaturas dos noivos:

Figura 26 — Assinaturas de George e Maria Antônia.

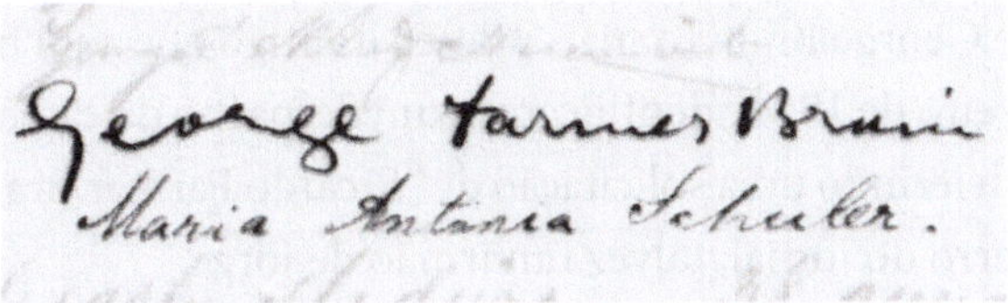

No registro, notamos que estava equivocado o informe de que os pais da noiva eram falecidos, pois seu pai Leonhard Schuler estava vivo e muito provavelmente na intendência àquela data. Encontrei uma rua Augusta no bairro de São José, parcialmente (ou totalmente?) extinta para a passagem da avenida Dantas Barreto na década de 1970. Caso seja essa mesma rua, nos traz questionamentos sobre a residência da família à época. Note-se que o noivo morava nas Graças, perto da tradicional residência dos **Schuler** até então. Teriam se mudado para perto do centro à época? Será que Maria Antônia ainda morava com o pai?

Um George F. Brain, provavelmente o "nosso" noivo, aparece cerca de dez anos antes no *Almanak Administrativo, Mercantil e Industrial da Província de Pernambuco* de 1881, na qualidade de caixeiro-despachante de J. H. Boxwell, conforme lista da alfândega. Deveria ter por volta de 23 anos.

Seu pai, homônimo, está listado no almanaque de 1864 como engenheiro maquinista residente à rua da Aurora, n. 44, juntamente ao nome Christovão Star. Em 1863, Jorge já havia publicado anúncios pessoais, morando no mesmo endereço. Deve ter chegado em Pernambuco pouco tempo antes. Seria outro conhecido do círculo social do pai de Maria Antônia? Segue anunciando seu trabalho como engenheiro de máquinas na década de 1870, na direção da Fundição de Ferro e Bronze e na Fundição de Ferro Cardoso & Irmão, oferecendo serviços na fabricação e montagem de obras de ferro para "engenho, machinismo e outros necessários para a agricultura". Nessa última empresa, a propaganda citava os diretores "Francisco Correia de Mesquita Cardozo (há pouco chegado da Inglaterra) e George Brain (o mais prático e antigo que aqui há)". Em fevereiro de 1874, identificamos um despacho da câmara municipal deferindo uma solicitação de "Ricardo Parmar Brain", talvez um erro do jornal, talvez um irmão de Jorge.

O filho seguiu profissionalmente, ao que tudo indica, o ramo do comércio. Em 1891, George exportava sementes de carnaúba para a Inglaterra. Dois anos depois no casamento, em 1892, achamos Maria Antônia no estatuto de criação da "Companhia exportadora d'álcool e aguardente". Como acionistas, constam "George Brani", assinando por si e por procuração "Elisabeth Francis Brani", "Rosa Anna Brani" e "Maria Schuler Brani". A companhia tinha por projeto a duração de trinta anos e por finalidade "a compra e venda d'álcool e aguardente na mais alta escala possível".

Em 1894, encaminhava 14.734 quilogramas de algodão para Hamburgo. Em 1895, aparece em lista de passageiros de um vapor para o norte.

Por uma grande infelicidade, temos apenas mais uma informação sobre o casal após 1895. As buscas pelos "Brain" ou "Brani", em qualquer época ou lugar, por enquanto têm sido infrutíferas. Finalmente, em uma pequena nota de jornal com a relação de sepultamentos no cemitério público no dia 15 de fevereiro de 1899, consta: "Maria Antônia Schuler Brain, Pernambuco, 33 anos, viúva, Graça, attestado do Dr. Ferreira Veloso".

Morreu muito jovem e o esposo já era falecido. Consigo especular alguma doença infecciosa sem tratamento específico à época — tuberculose, por exemplo. Ainda busco pelo registro de óbito nos cartórios. Descansem em paz.

9

Epílogo

Voltemos ao nosso primeiro Leonhard, o migrante de Basel. À época do falecimento da esposa, aos 49 anos, em um dos necrológios ele foi citado como guarda-livros da Tisset e Freres. Anteriormente, vimos que trabalhara como funcionário e como proprietário de casas comerciais, e, por vezes concomitantemente, representando outros comerciantes como procurador, seja na ausência dos donos ou em viagem do próprio para fora do estado. Nessa trajetória, encontramos um fato algo inusitado:

> Declaro pelo presente, que tendo de partir para o sul, donde seguirei para Europa, fica encarregado da gerencia desta agencia o Sr. L. Schuler, durante a minha ausência. Agencia telegráphica Havas Reuter em Pernambuco, aos 23 de julho de 1876 — O diretor.

A nota era assinada por **T. Gomes** e, de fato, por alguns meses Leonhard permaneceu assinando as notícias como diretor da agência, a primeira delas no dia 2 do mês seguinte à viagem. Eram notas bem curtas, de natureza política ou comercial, naquele dia vindas de Paris, Madri, Londres, Liverpool, Havre, Antuérpia, Hamburgo, Lisboa e Nova York. Havia cotações de ouro, algodão, café, açúcar, fundos nacionais, além de informes sobre o conflito resultante na insurgência das nações balcânicas dentro do Império Turco-Otomano. Recife foi a primeira cidade da América Latina a receber ligação por cabo submarino, vindo de Lisboa em 1874. Os jornais do Recife foram pioneiros na divulgação de notícias intercontinentais por esse meio. Anteriormente, as notícias eram recebidas por cartas, naturalmente publicadas com um atraso considerável. A agência Havas Reuter, na verdade, era um tipo de consórcio/acordo entre a Havas (francesa) e a Reuter (britânica), que monopolizaram durante muito tempo o comércio de notícias para o Brasil. A Havas foi a primeira agência internacional de notícias, fundada em 1825 por Charles Havas em Paris. As notícias inicialmente viajavam de trem e por intermédio de pombos-correios, com um grande impulso em 1845 associado ao uso de telégrafo elétrico[40]. Após a Segunda Guerra Mundial, a Havas deu origem à atual Agence France-Presse (AFP). A Reuters, fundada em 1851 em Londres por Paul Julius Reuter, um imigrante alemão de origem judaica que trabalhara com o próprio Havas em Paris, é hoje a maior agência internacional de notícias do mundo.

Em março de 1880, Leonhard aparece exportando borracha para Bourdeaux, uma carga de 569 kg em um vapor francês chamado *Congo*.

Em maio do mesmo ano, Augusto Labille registra duas procurações em nome de Leonardo Schuler e outros, que perduraria até 1887, quando foi revogada. Em 1882, Leonhard solicita revisão dos arquivos do ano de 1860 da firma Tisset e Freres, especificamente sobre os contratos sociais e matrículas. Essa firma era atuante no comércio do Recife desde a década de 1850, lembrando que no obituário de sua esposa, em 1869, consta que era guarda-livros (contabilidade) nessa mesma empresa. Um Avrial Freres aparece também na lista de doadores a Hamburgo no já longínquo 1843 (Capítulo 1).

Em agosto de 1882, temos uma informação importante sobre a residência da família àquela época. Sob o tópico de "Alterações verificadas no lançamento da décima urbana da freguesia de Nossa Senhora da Graça, no exercício de 1882 a 1883, pelo lançador João Pedro de Jesus da Matta", há na lista "Tamarineira nº 1 Leonardo Schuler, uma casa térrea, arrendada por 150$000" e também "Estrada do Rosarinho, nº 15, Marcolina Angélica de Castro Aguiar, uma casa de taipa unida de nº 1 da Estrada dos Aflitos".

Notamos aqui que se trata do mesmo endereço da casa de Marcelina já relatado em capítulos anteriores. Aparentemente, uma das casas estava arrendada. Não temos certeza se a família ainda residia naquele endereço, mas a propriedade era de Leonhard. Três anos depois, ele recebe autorização da Câmara Municipal do Recife para "[...] mandar consertar as vergas da porta e janella da parte posterior de seu prédio n. 1 à Tamarineira, freguezia da Graça. — Pagos os impostos e de conformidade com as posturas, concede-se".

Alguns anos depois nossa breve história termina, no falecimento registrado de forma algo taquigráfica e com partes ilegíveis, pelo cartório da Graça, 31 anos após ter ficado viúvo, cerca de 60 anos após ter migrado para o Brasil:

> Aos quatro dias do mez de Maio de mil novecentos em meu cartório compareceu Antônio de Araújo Mello [...] attestado do Doutor Ferreira Vellozo declarou ter fallecido as quatro horas da tarde de hoje Leonardo Schuller, branco, Suisso, oitenta anos, viúvo de Joaquina Schuller, moléstia congestiva cerebral [...].

10
Novos achados: de volta ao passado

A árvore genealógica concebida possui apenas início, com Joaquina e Leonhard no topo e, espero, um infinito adiante. Porém, em razão de um desses achados inesperados, quando procuramos por algo e encontramos outra coisa antes desejada, ou mesmo quando procuramos mais uma vez por alguma informação e a encontramos logo ali ao lado, faz-se necessário este capítulo adicional.

Passei anos especulando sobre a origem de Leonhard (além de sua própria informação sobre ser natural de Basel) e de seu nome de família **Schuler**. A ausência do nome de seus pais em todos os documentos que encontrava (registros diversos de nascimento, de casamento e de óbito) me fez imaginar por algum tempo que Leonhard seria um órfão sem muitas perspectivas ou que teria adotado um sobrenome aleatório e tomado o rumo do Brasil para tentar uma nova vida. É possível que alguns desses pensamentos tenham correspondência com a realidade, mas sobre ser órfão e sem família conhecida, eu estava, para meu alívio genealógico, felizmente equivocado.

Passando sem muita esperança por arquivos antes visitados, finalmente me deparei com o registro de batismo/nascimento de Leonhard. Ele tinha pai, mãe e oito irmãos ao deixar Basel na década de 1840. Em verdade, talvez tenha perdido o nascimento de sua irmã mais nova, Emma, ao iniciar sua jornada. Ele era o segundo dos nove filhos do casal Adam Schuler e Maria Salomea Dunner (a letra "a" depois de Salome não é um erro de digitação e sim uma variante do nome), estes também naturais de Basel e com famílias há gerações já estabelecidas nessa cidade.

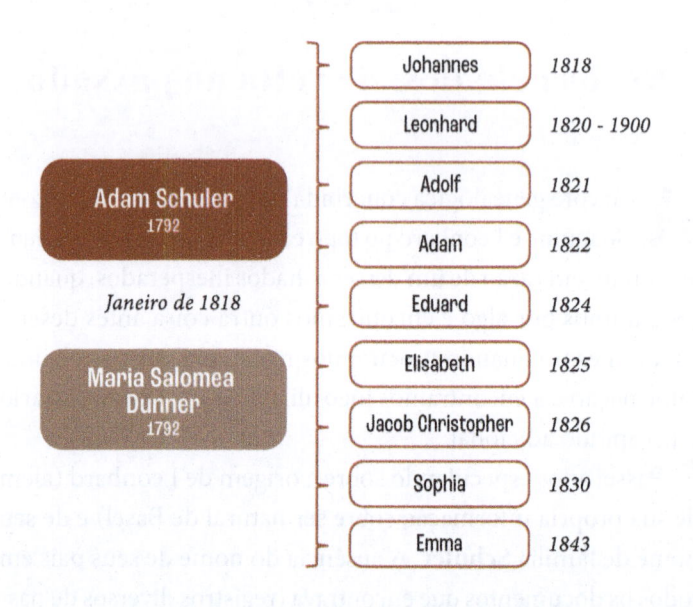

Adam Schuler
1792

Janeiro de 1818

Maria Salomea Dunner
1792

Filho	Ano
Johannes	1818
Leonhard	1820 - 1900
Adolf	1821
Adam	1822
Eduard	1824
Elisabeth	1825
Jacob Christopher	1826
Sophia	1830
Emma	1843

É de se ressaltar a homenagem que Leonhard fez à mãe ao colocar seu nome na primogênita, Maria Salomé (meu palpite é de alguma Alexandrina na família materna), além da ausência de um Adam entre os filhos homens, pelo menos os que sobreviveram (não temos notícia ainda de outros filhos, mas era comum à época uma grande prole acompanhada de uma mortalidade infantil não desprezível).

A tal confirmação de batismo no rito católico ainda não foi possível, sendo tarefa difícil, pois não sabemos a data. O registro encontrado de seu batismo original é da igreja reformada de São Pedro, em Basel.

No mesmo conjunto de arquivos de Basel, encontrei uma informação que há muito buscava no Brasil: a data de nascimento de Joaquina Januária. Estava lá, anotada de forma espremida, como que adicionada posteriormente, no livro índice de registros de casamento em Basel. Ao lado do nome de Joaquina, em letras muito miúdas, consta um "10 de julho de 1826". Ela tinha, agora sabemos, apenas 42 anos no dia do fatídico incidente. Esse registro feito em Basel revela também o possível contato que ainda havia entre Leonhard e sua família na Suíça. Não sabemos se em algum momento ele teria retornado à terra natal e visitado os parentes, mas pelo menos por correspondência parecia haver ainda alguma comunicação.

Antes de finalizar esta nossa breve revisita ao passado, mais um achado de última hora vem ajudar a esclarecer a primeira lacuna exposta no capítulo inicial: quando exatamente Leonhard chegou ao Brasil? Um documento muito bem preservado nos "arquivos federais suíços" nos revela uma carta emitida pelo consulado em Pernambuco, escrita pelo então cônsul, o Sr. Bolli (Eduard Bolli), no dia 15 de março de 1853. Nesta carta, ele relata que está nesse cargo desde 1851, de modo provisório em substituição ao Senhor Barrelet (Paul Albert Jacques Barrelet) e que, por problemas de saúde, via-se forçado a deixar o país naquele momento, motivo pelo qual já havia delegado a gestão do consulado, bem como passado a guarda dos arquivos (desde 1829) de chancelaria para o conterrâneo Leonhard Schuler. Faz recomendações para que sua escolha (do novo cônsul) seja aceita e após as medidas de praxe acrescenta em um *post scriptum*: "*Monsieur Leonhard Schuler habite ce pays depuis 13 ans, Il est négocians, aimé et estimé par tous lês compratiotes, et Il offre au Consul Fédéral toutes lês garanties désirables pour un bon Consul*" ("O Sr. Leonhard Schuler mora neste país há 13 anos, é um comerciante amado e estimado por todos os compatriotas e oferece ao Cônsul Federal todas as garantias desejáveis para um bom cônsul"). Se o tempo indicado na carta foi preciso, e não temos até o momento razões para pensar que não, esta é uma boa evidência para estabelecermos a chegada ao Brasil do jovem migrante aproximadamente em 1840, a tempo de, pouco depois, ter oferecido os 10 réis para a cidade de Hamburgo. Nossa árvore e nossa história, por óbvio, não têm fim. Que as gerações futuras preservem este nosso laço. Quanto à história dos nossos antepassados, deixo aqui um frágil ponto final, esperando por novas e empolgantes descobertas.

11
Árvore genealógica

A árvore que se segue traz a lista de todos os descendentes do casal Joaquina e Leonhard a partir de oito de seus netos (em negrito no início de cada ramificação), os quais já estão citados nos quadros dispostos ao longo dos capítulos. Infelizmente, não temos ainda informações sobre todos desta geração, em especial da maior parte dos filhos de Maria Salomé. Peço desculpas pelos registros incompletos ou eventualmente equivocados. Espero que consigamos um conjunto melhor de dados a partir da publicação deste esforço inicial.

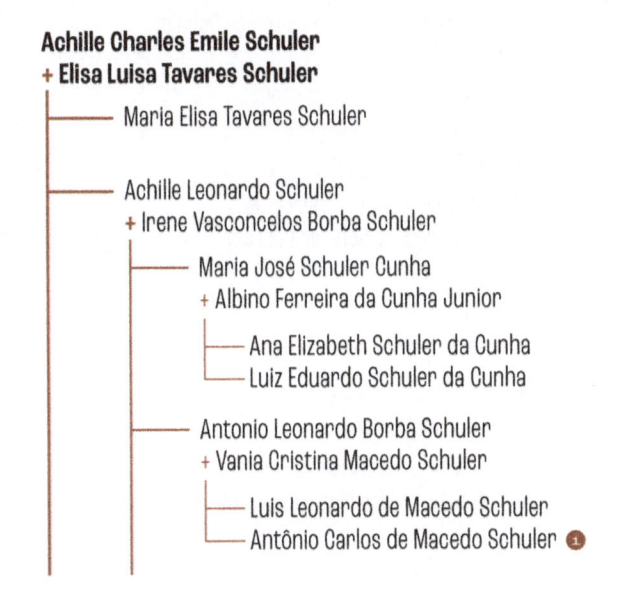

Achille Charles Emile Schuler
+ Elisa Luisa Tavares Schuler
- Maria Elisa Tavares Schuler
- Achille Leonardo Schuler
  + Irene Vasconcelos Borba Schuler
  - Maria José Schuler Cunha
    + Albino Ferreira da Cunha Junior
    - Ana Elizabeth Schuler da Cunha
    - Luiz Eduardo Schuler da Cunha
  - Antonio Leonardo Borba Schuler
    + Vania Cristina Macedo Schuler
    - Luis Leonardo de Macedo Schuler
    - Antônio Carlos de Macedo Schuler ❶

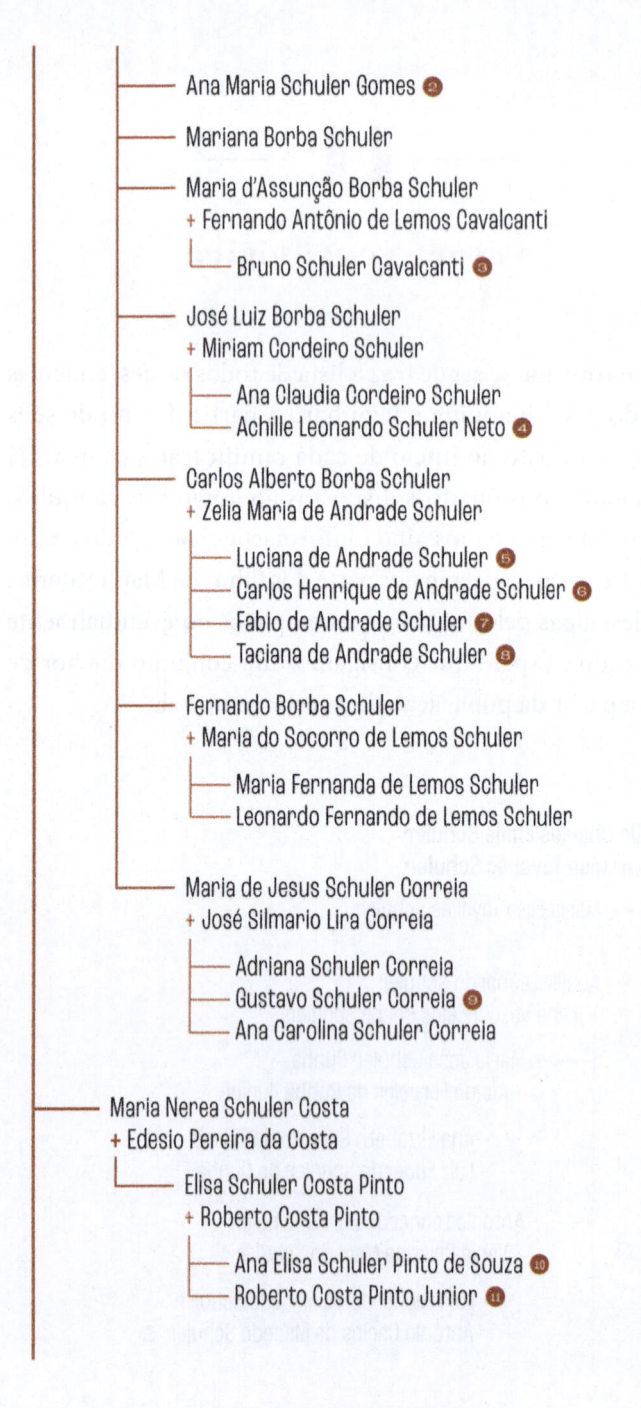

- Ana Maria Schuler Gomes ②
- Mariana Borba Schuler
- Maria d'Assunção Borba Schuler
  + Fernando Antônio de Lemos Cavalcanti
  - Bruno Schuler Cavalcanti ③
- José Luiz Borba Schuler
  + Miriam Cordeiro Schuler
  - Ana Claudia Cordeiro Schuler
  - Achille Leonardo Schuler Neto ④
- Carlos Alberto Borba Schuler
  + Zelia Maria de Andrade Schuler
  - Luciana de Andrade Schuler ⑤
  - Carlos Henrique de Andrade Schuler ⑥
  - Fabio de Andrade Schuler ⑦
  - Taciana de Andrade Schuler ⑧
- Fernando Borba Schuler
  + Maria do Socorro de Lemos Schuler
  - Maria Fernanda de Lemos Schuler
  - Leonardo Fernando de Lemos Schuler
- Maria de Jesus Schuler Correia
  + José Silmario Lira Correia
  - Adriana Schuler Correia
  - Gustavo Schuler Correia ⑨
  - Ana Carolina Schuler Correia
- Maria Nerea Schuler Costa
  + Edesio Pereira da Costa
  - Elisa Schuler Costa Pinto
    + Roberto Costa Pinto
    - Ana Elisa Schuler Pinto de Souza ⑩
    - Roberto Costa Pinto Junior ⑪

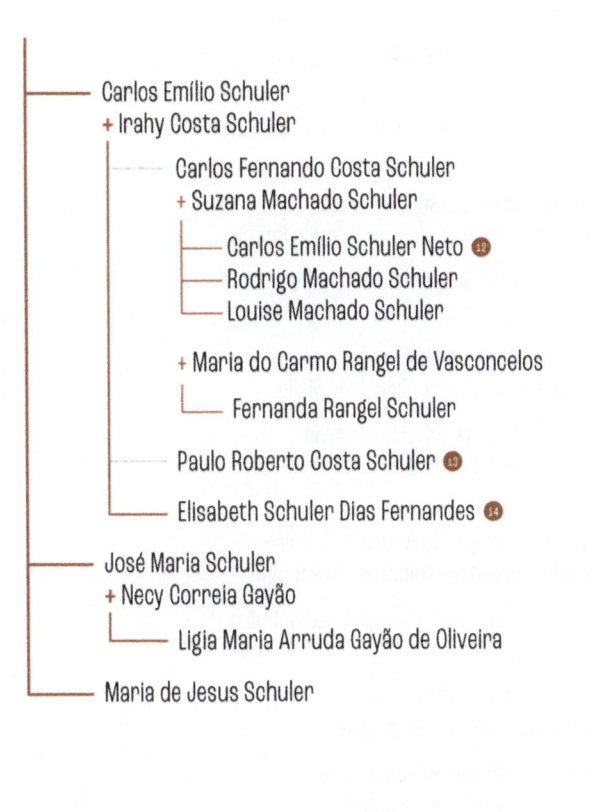

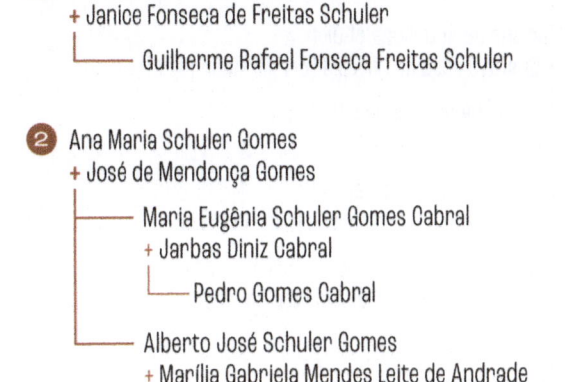

- Carlos Emílio Schuler
  + Irahy Costa Schuler
  - Carlos Fernando Costa Schuler
    + Suzana Machado Schuler
    - Carlos Emílio Schuler Neto ⓬
    - Rodrigo Machado Schuler
    - Louise Machado Schuler
    + Maria do Carmo Rangel de Vasconcelos
    - Fernanda Rangel Schuler
  - Paulo Roberto Costa Schuler ⓭
  - Elisabeth Schuler Dias Fernandes ⓮
- José Maria Schuler
  + Necy Correia Gayão
  - Ligia Maria Arruda Gayão de Oliveira
- Maria de Jesus Schuler

❶ Antônio Carlos de Macedo Schuler
  + Janice Fonseca de Freitas Schuler
  - Guilherme Rafael Fonseca Freitas Schuler

❷ Ana Maria Schuler Gomes
  + José de Mendonça Gomes
  - Maria Eugênia Schuler Gomes Cabral
    + Jarbas Diniz Cabral
    - Pedro Gomes Cabral
  - Alberto José Schuler Gomes
    + Marília Gabriela Mendes Leite de Andrade
    - Gabriel Leite de Andrade Schuler Gomes
    - Sophia Leite de Andrade Schuler Gomes

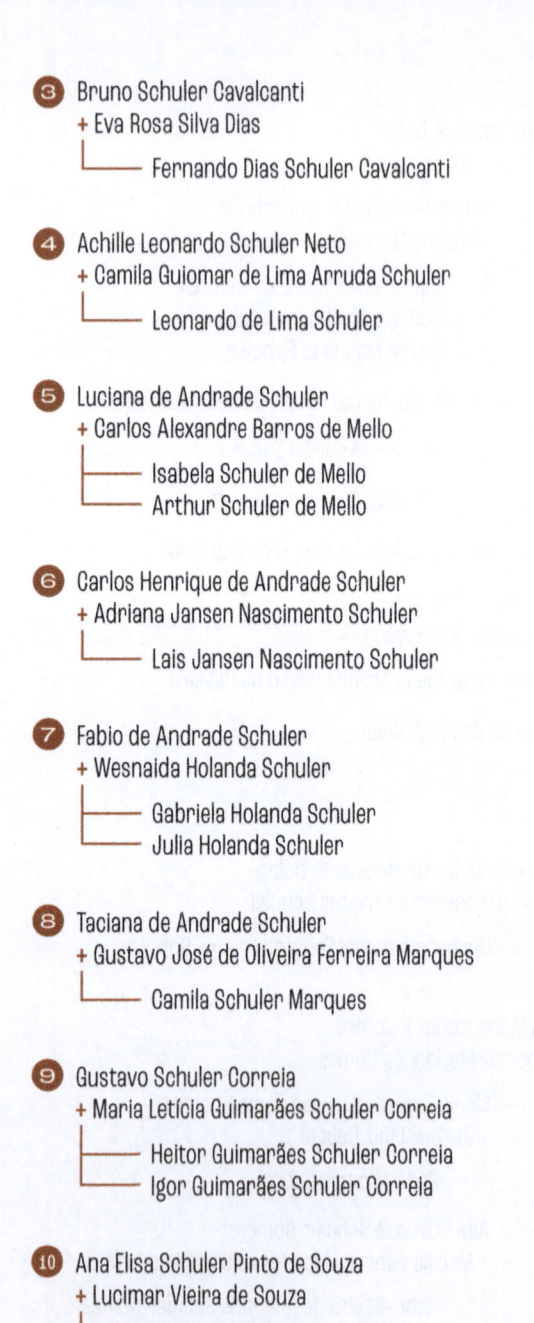

3 Bruno Schuler Cavalcanti
+ Eva Rosa Silva Dias
- Fernando Dias Schuler Cavalcanti

4 Achille Leonardo Schuler Neto
+ Camila Guiomar de Lima Arruda Schuler
- Leonardo de Lima Schuler

5 Luciana de Andrade Schuler
+ Carlos Alexandre Barros de Mello
- Isabela Schuler de Mello
- Arthur Schuler de Mello

6 Carlos Henrique de Andrade Schuler
+ Adriana Jansen Nascimento Schuler
- Lais Jansen Nascimento Schuler

7 Fabio de Andrade Schuler
+ Wesnaida Holanda Schuler
- Gabriela Holanda Schuler
- Julia Holanda Schuler

8 Taciana de Andrade Schuler
+ Gustavo José de Oliveira Ferreira Marques
- Camila Schuler Marques

9 Gustavo Schuler Correia
+ Maria Letícia Guimarães Schuler Correia
- Heitor Guimarães Schuler Correia
- Igor Guimarães Schuler Correia

10 Ana Elisa Schuler Pinto de Souza
+ Lucimar Vieira de Souza
- Ana Beatriz Schuler Souza
- Artur Schuler Souza

11 Roberto Costa Pinto Junior
   + Nancy Salgado Falcão
      └── Lucas Salgado Costa Pinto

12 Carlos Emílio Schuler Neto
   + Luciana Ferreira
      └── Marina Suzana Schuler

13 Paulo Roberto Costa Schuler
   + Maria da Conceição Silva Netto Schuler
      ├── Renata Silva Netto Schuler Bayma
      │   + Luiz Carlos Aguiar Bayma Filho
      │   ├── Amanda Silva Netto Schuler Bayma
      │   └── Isabela Silva Netto Schuler Bayma
      └── Paulo Silva Netto Schuler
          + Juliane Cristina Konrad Schuler
             ├── Felipe Konrad Silva Netto Schuler
             └── Arthur Konrad Silva Netto Schuler

14 Elisabeth Schuler Dias Fernandes
   + Jayme Dias Fernandes Filho
      ├── Luciana Schuler Dias Fernandes Ferreira
      │   + Ilomar Lima Martins Ferreira
      │   ├── Gabriela Dias Fernandes Ferreira
      │   └── Luisa Dias Fernandes Ferreira
      └── Paula Schuler Dias Fernandes
          + Marcio de Medeiros Dantas
             └── Vinicius Dias Fernandes Dantas

Leonardo Daniel Schuler
+ Genoveva de Morais Schuler

- Leonardo de Morais Schuler
  + Azeneth de Castro Schuler
  - Leonardo de Castro Schuler
    + Leny Eufrasino Schuler
    - Azeneth Eufrasino Schuler
    - Tunisia Eufrasino Schuler

    + Leia Munhoz Parra
    - Luciana Munhoz Schuler ❶
    - Leonardo Munhoz Schuler

    + Maria Lumena Macedo Ribeiro
    - Maria Luiza de Macedo Schuler

  - Zaira de Castro Schuler

  - Aristófanes de Castro Schuler
    +Madge de Mendonça Schuler
    - Aristófanes Leonardo de Mendonça Schuler ❷
    - Cinthia de Mendonça Schuler ❸
    - Artur Daniel de Mendonça Schuler ❹

  - Cassia Schuler de Melo ❺
  - Marcos de Castro Schuler ❻
  - Rosalia Schuler Honório ❼
  - Achiles Daniel de Castro Schuler ❽
  - Henrique de Castro Schuler

- Joaquim Ricardo de Moraes Schuler
  + Maria Djandira Pereira Schuler
  - Alexandre Ricardo Pereira Schuler ❾

- Ana Maria Pereira Schuler (10)
- Luiz Eduardo Pereira Schuler (11)
- Paulo Roberto Pereira Schuler (12)
- Ana Lucia Schuler Pires (13)
- Fernando Antônio Pereira Schuler (14)
- Ana Cristina Pereira Schuler (15)

Maria da Graça Schuler de Melo
+ Eusebio Alves de Melo
- Silvio Schuler de Melo
- Claudia Schuler de Melo (16)
- Luciano Schuler de Melo (17)
- Fernanda Schuler de Melo
- Marcelo Schuler de Melo (18)
- Miriam Schuler de Melo
- Mauro Schuler de Melo
- Luis Schuler de Melo
- Carlos Schuler de Melo
- Flávia Schuler de Menezes (19)

Maria Margarida Schuler da Rocha
+ Tadeu Gonçalves da Rocha
- Ana Schuler da Rocha
- Carolina Schuler da Rocha (20)
- Gabriel Schuler da Rocha (21)
- Flavio Schuler da Rocha (22)
- Mônica da Rocha Coelho (23)
- Bruno Schuler da Rocha (24)
- Rômulo Schuler da Rocha
- Sergio Schuler da Rocha (25)

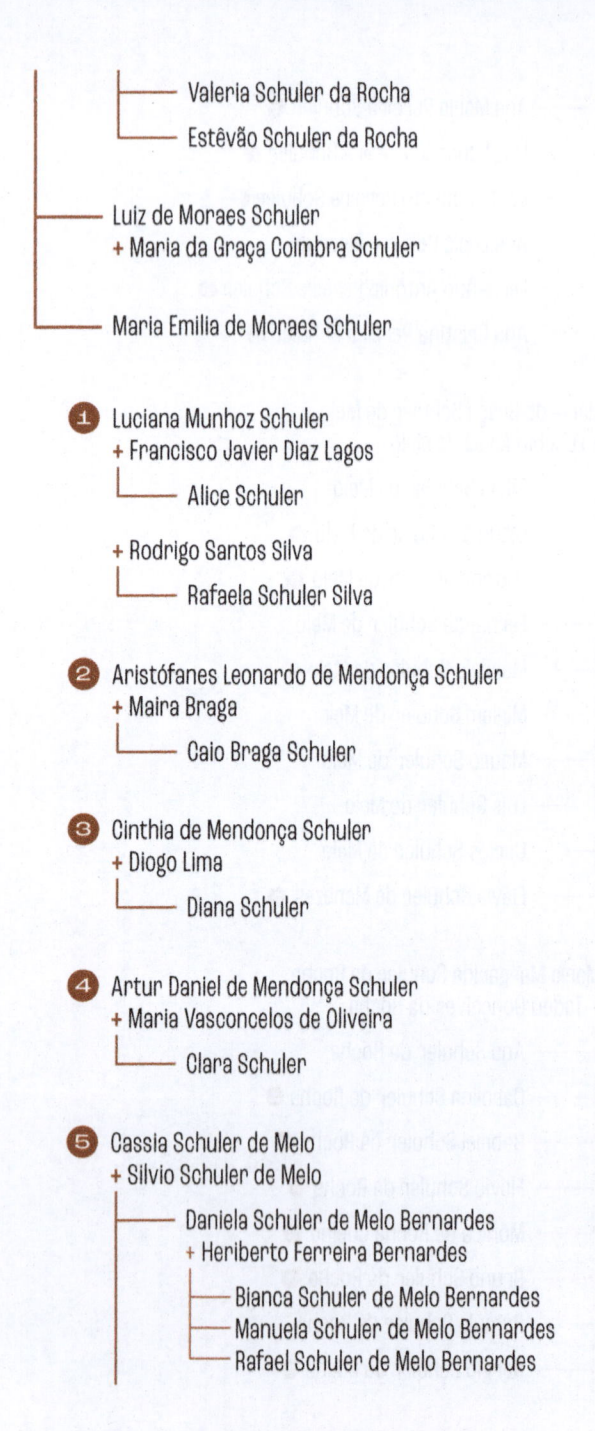

├── Valeria Schuler da Rocha
├── Estêvão Schuler da Rocha

├── Luiz de Moraes Schuler
│   + Maria da Graça Coimbra Schuler

└── Maria Emilia de Moraes Schuler

1 Luciana Munhoz Schuler
  + Francisco Javier Diaz Lagos
    └── Alice Schuler

  + Rodrigo Santos Silva
    └── Rafaela Schuler Silva

2 Aristófanes Leonardo de Mendonça Schuler
  + Maira Braga
    └── Caio Braga Schuler

3 Cinthia de Mendonça Schuler
  + Diogo Lima
    └── Diana Schuler

4 Artur Daniel de Mendonça Schuler
  + Maria Vasconcelos de Oliveira
    └── Clara Schuler

5 Cassia Schuler de Melo
  + Silvio Schuler de Melo
    ├── Daniela Schuler de Melo Bernardes
    │   + Heriberto Ferreira Bernardes
    │   ├── Bianca Schuler de Melo Bernardes
    │   ├── Manuela Schuler de Melo Bernardes
    │   └── Rafael Schuler de Melo Bernardes

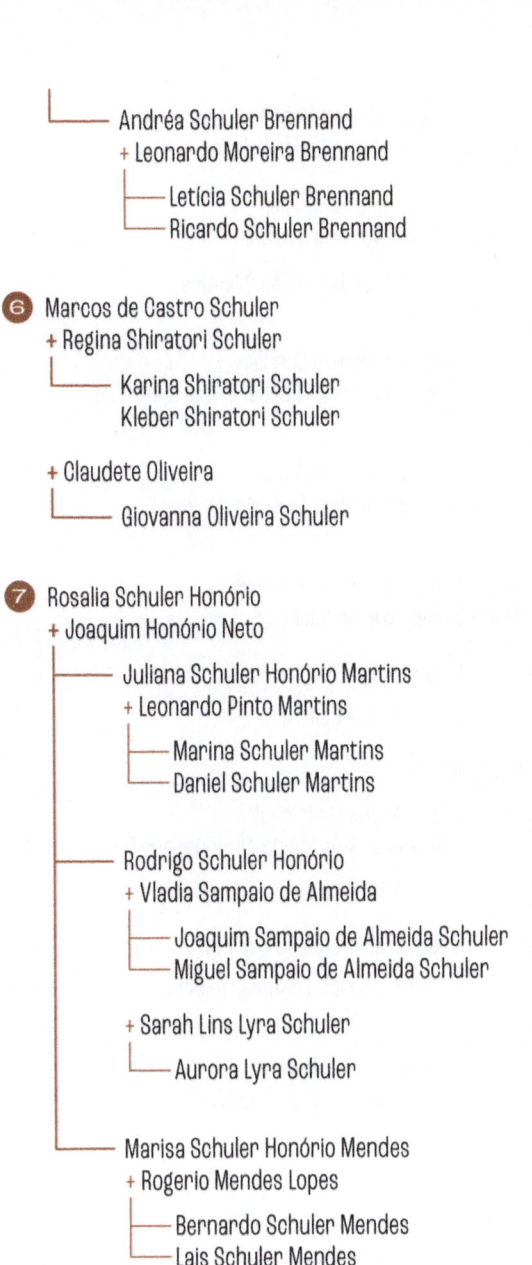

└── Andréa Schuler Brennand
    + Leonardo Moreira Brennand
    ├── Letícia Schuler Brennand
    └── Ricardo Schuler Brennand

6 Marcos de Castro Schuler
  + Regina Shiratori Schuler
    └── Karina Shiratori Schuler
        Kleber Shiratori Schuler

  + Claudete Oliveira
    └── Giovanna Oliveira Schuler

7 Rosalia Schuler Honório
  + Joaquim Honório Neto
    ├── Juliana Schuler Honório Martins
    │   + Leonardo Pinto Martins
    │   ├── Marina Schuler Martins
    │   └── Daniel Schuler Martins
    ├── Rodrigo Schuler Honório
    │   + Vladia Sampaio de Almeida
    │   ├── Joaquim Sampaio de Almeida Schuler
    │   └── Miguel Sampaio de Almeida Schuler
    │   + Sarah Lins Lyra Schuler
    │   └── Aurora Lyra Schuler
    └── Marisa Schuler Honório Mendes
        + Rogerio Mendes Lopes
          ├── Bernardo Schuler Mendes
          └── Lais Schuler Mendes

8 Achiles Daniel de Castro Schuler
+ Maria Auxiliadora de Souza Schuler

- Elisa de Souza Schuler
  + Felipe Ferreira Martins
  - Eduardo Schuler Martins

- Renato de Souza Schuler
  + Tereza Caroline Bárbara Rodrigues Dias

- Diogo de Souza Schuler
  + Veridiana Silva Teodoro de Souza

9 Alexandre Ricardo Pereira Schuler
+ Maria Sinele Vilar Schuler

- Mateus Vilar Schuler
- Vinicius Vilar Schuler

+ Cassilda Leal

- Maria Helena Leal Schuler
  + Henrique Bezerra de Albuquerque Filho
  - Sofia Schuler de Albuquerque

  Emanuel Malta Falcão Caloête
  - Pedro Malta Schuler Caloête

- Cristiane Leal Schuler
  + Siclei Teixeira Magalhães
  - Gabriela Leal Magalhães

- Ana Claudia Leal Schuler
  + Antônio Sergio Fernandes
  - Felipe Schuler Fernandes
  - Leonardo Schuler Fernandes

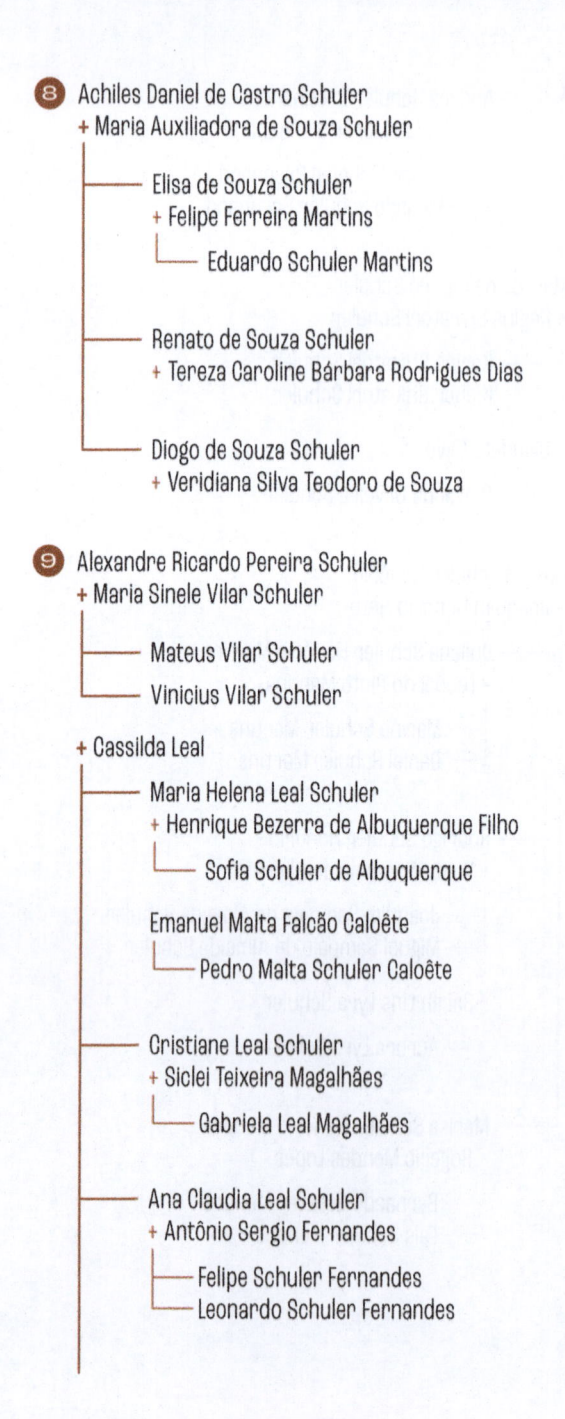

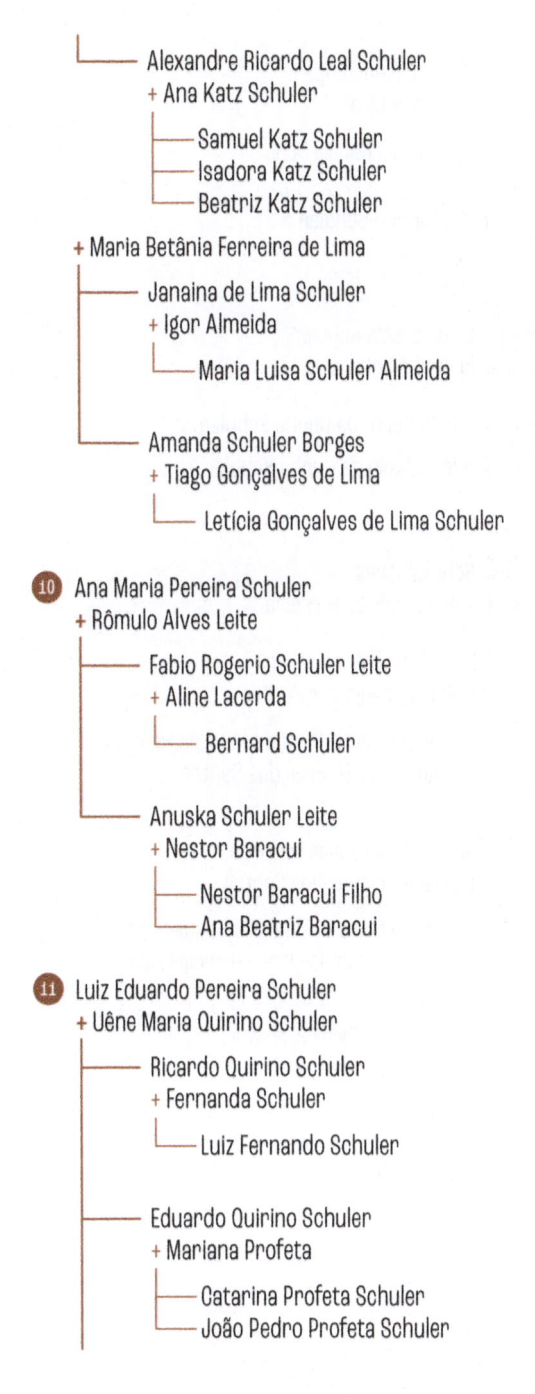

         └── Alexandre Ricardo Leal Schuler
             + Ana Katz Schuler
             ├── Samuel Katz Schuler
             ├── Isadora Katz Schuler
             └── Beatriz Katz Schuler
     + Maria Betânia Ferreira de Lima
         ├── Janaina de Lima Schuler
         │   + Igor Almeida
         │   └── Maria Luisa Schuler Almeida
         │
         └── Amanda Schuler Borges
             + Tiago Gonçalves de Lima
                 └── Letícia Gonçalves de Lima Schuler

10 Ana Maria Pereira Schuler
     + Rômulo Alves Leite
         ├── Fabio Rogerio Schuler Leite
         │   + Aline Lacerda
         │   └── Bernard Schuler
         │
         └── Anuska Schuler Leite
             + Nestor Baracui
                 ├── Nestor Baracui Filho
                 └── Ana Beatriz Baracui

11 Luiz Eduardo Pereira Schuler
     + Uêne Maria Quirino Schuler
         ├── Ricardo Quirino Schuler
         │   + Fernanda Schuler
         │   └── Luiz Fernando Schuler
         │
         └── Eduardo Quirino Schuler
             + Mariana Profeta
                 ├── Catarina Profeta Schuler
                 └── João Pedro Profeta Schuler

Árvore genealógica | 105

- Rafael Quirino Schuler
  + Suelen Bonilla
  - Miguel Bonilla Schuler
- Érika Quirino Schuler

12 Paulo Roberto Pereira Schuler
+ Vitória da Cunha Schuler
- Paulo Roberto da Cunha Schuler
- Paulo Rogerio da Cunha Schuler

13 Ana Lucia Schuler Pires
+ Edwardo Mendes Pires Ferreira
- Filipe Schuler Pires Ferreira
  + Sandra Araujo dos Santos
  - André Filipe dos Santos Pires Ferreira
  - Ana Julia Schuler dos Santos
- Marco Schuler Pires Ferreira
  + Maria Rodrigues dos Santos
  - Maria Clara dos Santos Schuler
  - Marcos Schuler Pires Ferreira Filho
- Dyogo Schuler Pires Ferreira
  + Priscila Albuquerque
  - Pedro Schuler

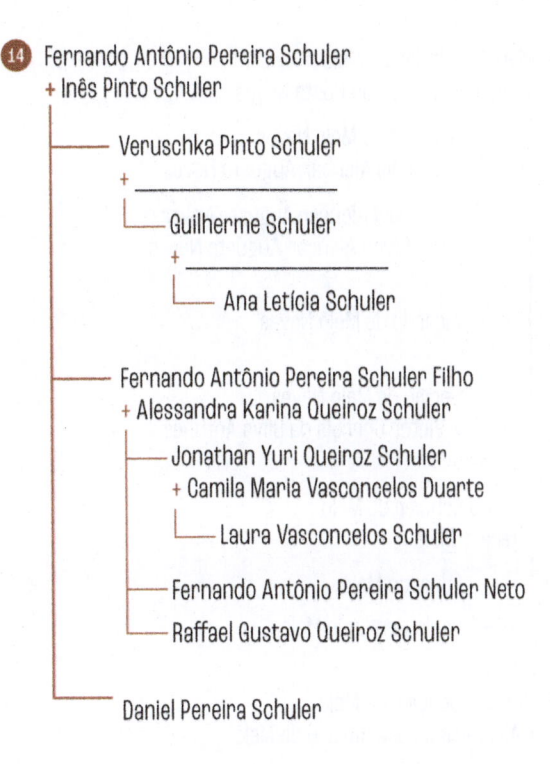

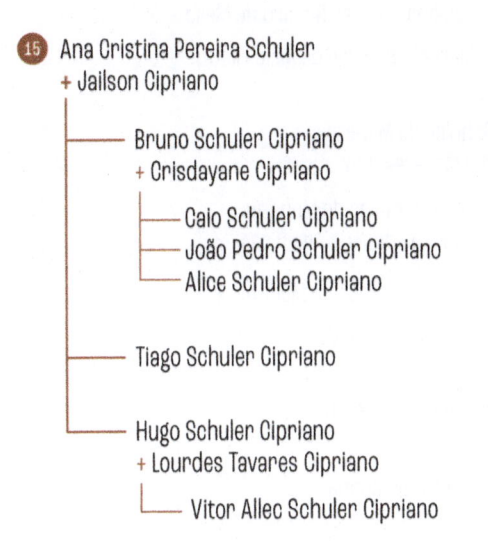

14 Fernando Antônio Pereira Schuler
+ Inês Pinto Schuler

- Veruschka Pinto Schuler
  + _____
  - Guilherme Schuler
    + _____
    - Ana Letícia Schuler

- Fernando Antônio Pereira Schuler Filho
  + Alessandra Karina Queiroz Schuler
  - Jonathan Yuri Queiroz Schuler
    + Camila Maria Vasconcelos Duarte
    - Laura Vasconcelos Schuler
  - Fernando Antônio Pereira Schuler Neto
  - Raffael Gustavo Queiroz Schuler

- Daniel Pereira Schuler

15 Ana Cristina Pereira Schuler
+ Jailson Cipriano

- Bruno Schuler Cipriano
  + Crisdayane Cipriano
  - Caio Schuler Cipriano
  - João Pedro Schuler Cipriano
  - Alice Schuler Cipriano

- Tiago Schuler Cipriano

- Hugo Schuler Cipriano
  + Lourdes Tavares Cipriano
  - Vitor Allec Schuler Cipriano

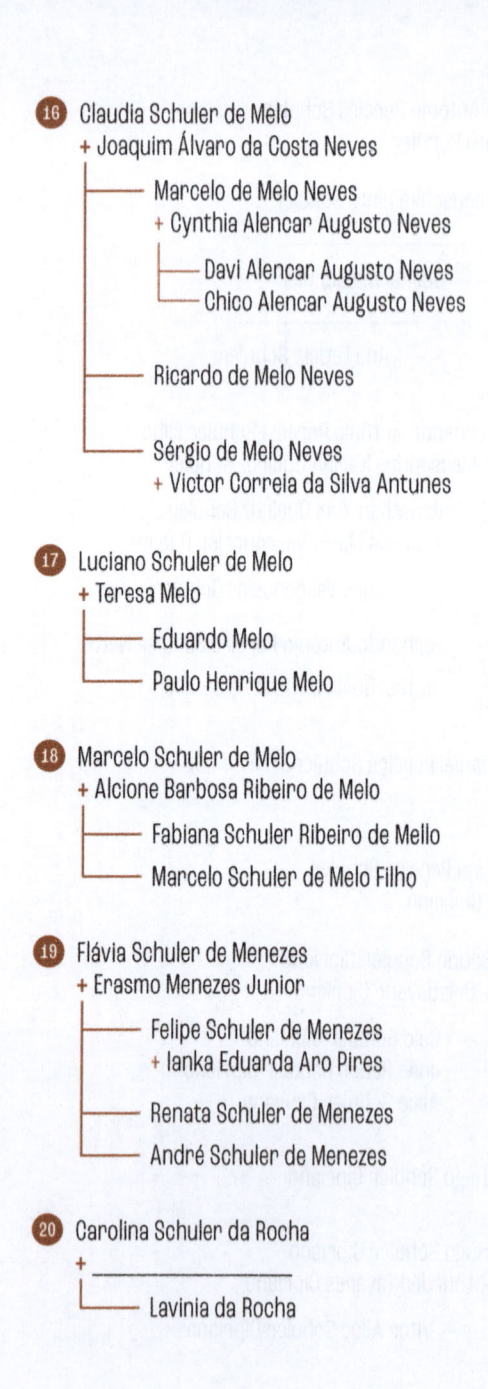

16 Claudia Schuler de Melo
  + Joaquim Álvaro da Costa Neves
  - Marcelo de Melo Neves
    + Cynthia Alencar Augusto Neves
    - Davi Alencar Augusto Neves
    - Chico Alencar Augusto Neves
  - Ricardo de Melo Neves
  - Sérgio de Melo Neves
    + Victor Correia da Silva Antunes

17 Luciano Schuler de Melo
  + Teresa Melo
  - Eduardo Melo
  - Paulo Henrique Melo

18 Marcelo Schuler de Melo
  + Alcione Barbosa Ribeiro de Melo
  - Fabiana Schuler Ribeiro de Mello
  - Marcelo Schuler de Melo Filho

19 Flávia Schuler de Menezes
  + Erasmo Menezes Junior
  - Felipe Schuler de Menezes
    + Ianka Eduarda Aro Pires
  - Renata Schuler de Menezes
  - André Schuler de Menezes

20 Carolina Schuler da Rocha
  + _____
  - Lavinia da Rocha

21 Gabriel Schuler da Rocha
  + Cristina Star
    - Vanessa Star da Rocha
    - Rafael Star da Rocha

  + Jackline Maria de Cerqueira Porto

22 Flavio Schuler da Rocha
  + Diva Gonçalves da Rocha
    - Lauro Gonçalves da Rocha
    - Marina Gonçalves da Rocha

23 Mônica da Rocha Coelho
  +Euvaldo de Queiroz Coelho Filho
    - Margarida da Rocha Coelho
    - Euvaldo de Queiroz Coelho Neto
      + Thayse Alves de Lima e Silva
        - Samuel Alves de Lima Coelho

24 Bruno Schuler da Rocha
  + Maria de Lourdes Ferreira da Rocha
    - Bárbara Ferreira da Rocha
      + Julio Carvalheira
        - Helena da Rocha Carvalheira

    - Estêvão Ferreira da Rocha
      + Vivian Silva da Rocha
        - Vicente Silva da Rocha

    - Saulo Ferreira da Rocha
      + Elida Monick Felipe Bertoldo
        - Bernardo da Rocha Felipe Bertoldo
        - Iris da Rocha Felipe Bertoldo

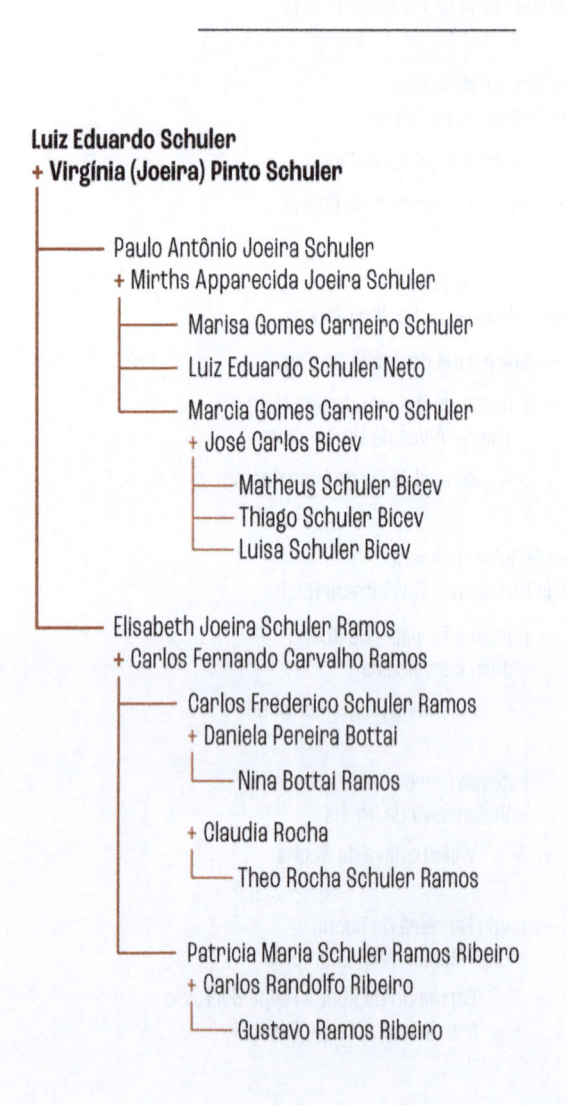

25 Sergio Schuler da Rocha
  + Rejane Maria de Oliveira Cavalcanti
    └── Cesar Augusto Siqueira Fernandez Schuler

Luiz Eduardo Schuler
+ Virgínia (Joeira) Pinto Schuler

├── Paulo Antônio Joeira Schuler
│   + Mirths Apparecida Joeira Schuler
│   ├── Marisa Gomes Carneiro Schuler
│   ├── Luiz Eduardo Schuler Neto
│   └── Marcia Gomes Carneiro Schuler
│   + José Carlos Bicev
│   ├── Matheus Schuler Bicev
│   ├── Thiago Schuler Bicev
│   └── Luisa Schuler Bicev
│
└── Elisabeth Joeira Schuler Ramos
    + Carlos Fernando Carvalho Ramos
    ├── Carlos Frederico Schuler Ramos
    │   + Daniela Pereira Bottai
    │   └── Nina Bottai Ramos
    │   + Claudia Rocha
    │   └── Theo Rocha Schuler Ramos
    │
    └── Patricia Maria Schuler Ramos Ribeiro
        + Carlos Randolfo Ribeiro
        └── Gustavo Ramos Ribeiro

Joakim Schuler Villarouco
+ Maria Amelia Regis Schuler

- Oldano Regis Schuler Villaroco
  + Maria do Carmo Schuler Villaroco
  - Maria de Fátima Serrão Schuler Fernandes
  - Maria Auxiliadora Serrão Schuler de Menezes
    + Alexandre Gomes de Menezes Junior
    - Cristiane Schuler de Menezes Ventura Lopes ❶
    - Murilo Schuler de Menezes ❷
  - Oldano Regis Schuler Filho
    + Margareth Campos de Andrade Lima Schuler
    - André de Andrade Lima Schuler
    - Liana de Andrade Lima Schuler

- Orlando Regis Schuler Villaroco
  + Laíse Mota Schuler
  - Luiza Maria Mota Schuler de Lucena
    + Flávio Marques de Lucena
    - Flávio Schuler de Lucena
    - Orlando Schuler de Lucena
    - Lais Schuler de Lucena
  - Orlando Regis Schuler Villaroco Filho
  - Lenise Maria Mota Schuler Norat
    + Samuel von Laert Norat
    - Leticia Schuler Norat
    - Samuel Henrique Schuler Norat

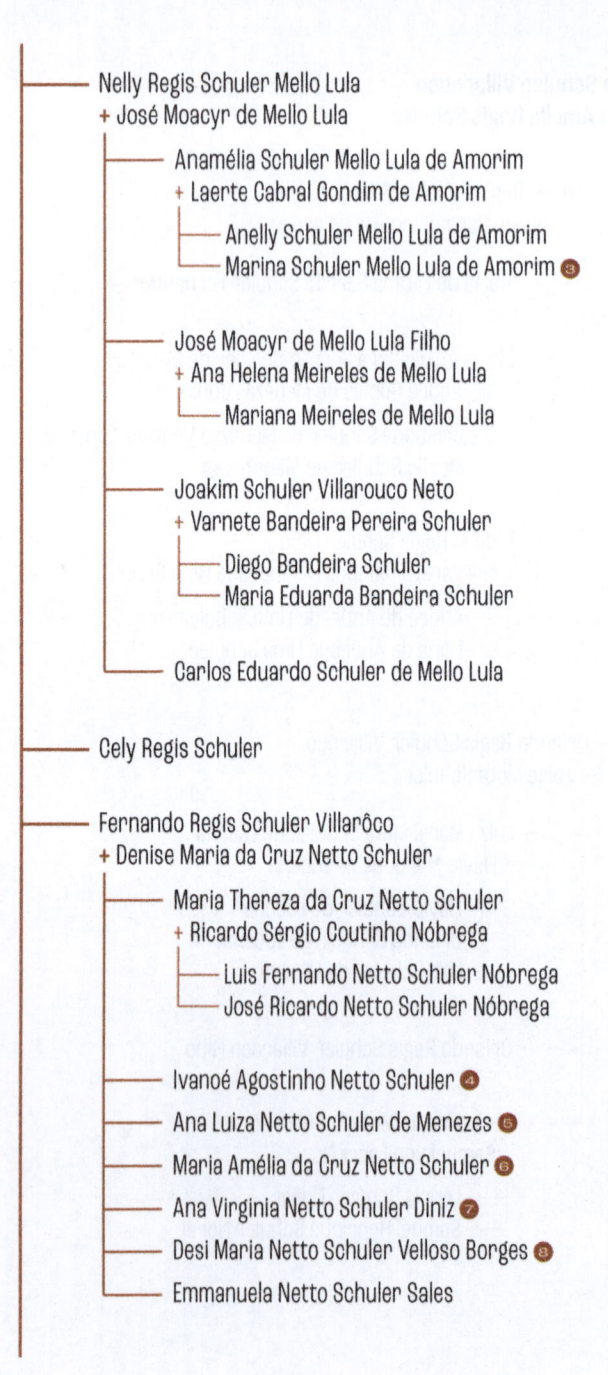

- Nelly Regis Schuler Mello Lula
  + José Moacyr de Mello Lula
  - Anamélia Schuler Mello Lula de Amorim
    + Laerte Cabral Gondim de Amorim
    - Anelly Schuler Mello Lula de Amorim
    - Marina Schuler Mello Lula de Amorim ❸
  - José Moacyr de Mello Lula Filho
    + Ana Helena Meireles de Mello Lula
    - Mariana Meireles de Mello Lula
  - Joakim Schuler Villarouco Neto
    + Varnete Bandeira Pereira Schuler
    - Diego Bandeira Schuler
    - Maria Eduarda Bandeira Schuler
  - Carlos Eduardo Schuler de Mello Lula

- Cely Regis Schuler

- Fernando Regis Schuler Villarôco
  + Denise Maria da Cruz Netto Schuler
  - Maria Thereza da Cruz Netto Schuler
    + Ricardo Sérgio Coutinho Nóbrega
    - Luis Fernando Netto Schuler Nóbrega
    - José Ricardo Netto Schuler Nóbrega
  - Ivanoé Agostinho Netto Schuler ❹
  - Ana Luiza Netto Schuler de Menezes ❺
  - Maria Amélia da Cruz Netto Schuler ❻
  - Ana Virginia Netto Schuler Diniz ❼
  - Desi Maria Netto Schuler Velloso Borges ❽
  - Emmanuela Netto Schuler Sales

- Hermano Regis Schuler Villaroco
  + Maria do Perpétuo Socorro Pinto Gadelha Schuler
    - Maria Amélia Gadelha Schuler

- Maria Odalea Regis Schuler Carvalho
  + Geraldo Carvalho
    - José Paulino de Carvalho Neto
    - Ana Cecilia Schuler de Carvalho

1 Cristiane Schuler de Menezes Ventura Lopes
  + Alexandre Ventura Lopes
    - Alexandre Menezes Ventura Lopes

2 Murilo Schuler de Menezes
  + Maria Regueira Pena Schuler de Menezes
    - Murilo Schuler de Menezes Filho
    - Maria Clara Regueira Pena Schuler de Menezes

3 Marina Schuler Mello Lula de Amorim
  + Rafael Correia Fonseca
    - Pedro Schuler Fonseca

4 Ivanoé Agostinho Netto Schuler
  + Silvana Simões Velloso Schuler
    - Leticia Simões Velloso Schuler
    - Júlia Simões Velloso Schuler

5 Ana Luiza Netto Schuler de Menezes
  + Paulo Ramos de Menezes Filho
    - Laíse Maria Netto Schuler de Menezes
    - José Lucas Netto Schuler de Menezes
      + Luana Ranielle Silva
        - Luisa Silva Menezes Schuler

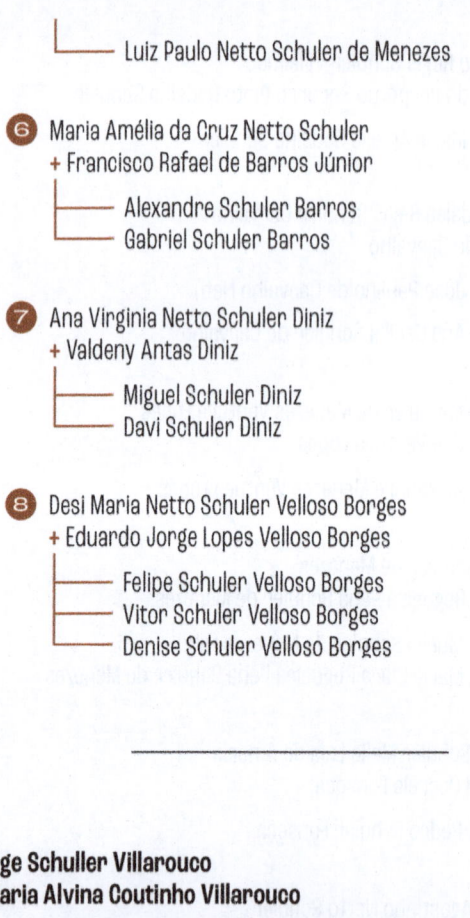

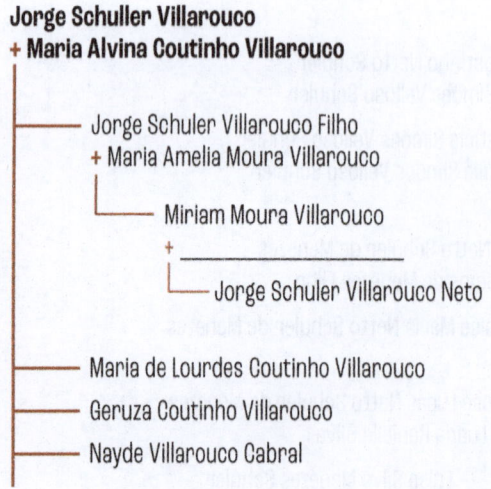

└── Luiz Paulo Netto Schuler de Menezes

6 Maria Amélia da Cruz Netto Schuler
+ Francisco Rafael de Barros Júnior
├── Alexandre Schuler Barros
└── Gabriel Schuler Barros

7 Ana Virginia Netto Schuler Diniz
+ Valdeny Antas Diniz
├── Miguel Schuler Diniz
└── Davi Schuler Diniz

8 Desi Maria Netto Schuler Velloso Borges
+ Eduardo Jorge Lopes Velloso Borges
├── Felipe Schuler Velloso Borges
├── Vitor Schuler Velloso Borges
└── Denise Schuler Velloso Borges

Jorge Schuller Villarouco
+ Maria Alvina Coutinho Villarouco

├── Jorge Schuler Villarouco Filho
│   + Maria Amelia Moura Villarouco
│   └── Miriam Moura Villarouco
│   + _____
│   └── Jorge Schuler Villarouco Neto
├── Maria de Lourdes Coutinho Villarouco
├── Geruza Coutinho Villarouco
└── Nayde Villarouco Cabral

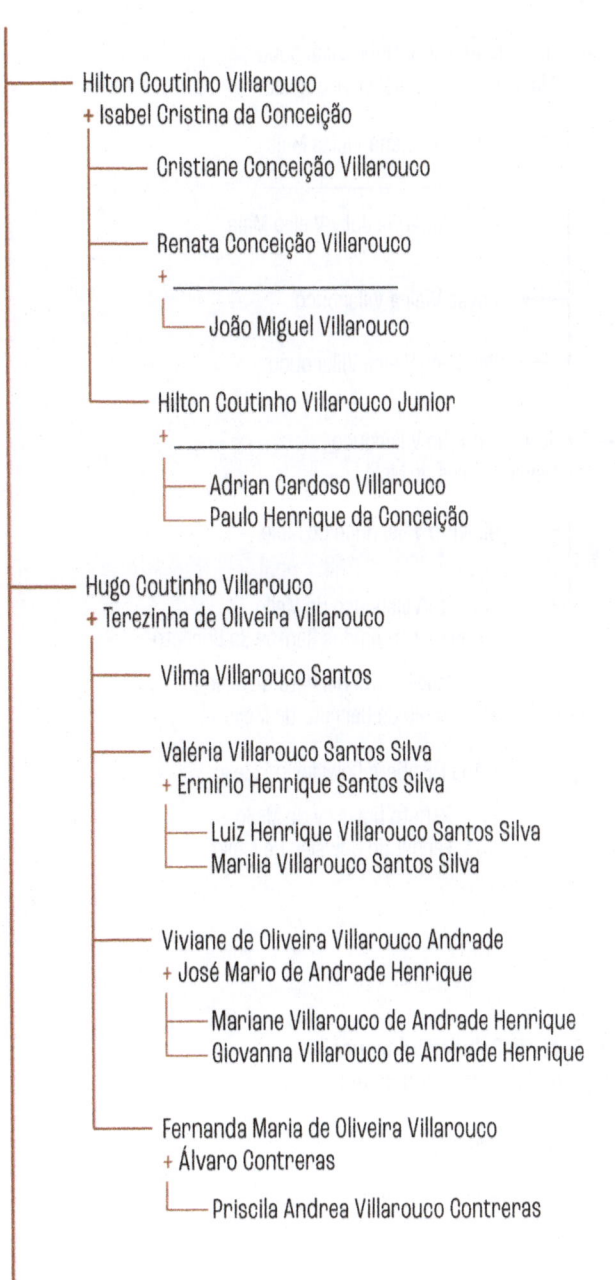

- Hilton Coutinho Villarouco
  + Isabel Cristina da Conceição
  - Cristiane Conceição Villarouco
  - Renata Conceição Villarouco
    + _____
    - João Miguel Villarouco
  - Hilton Coutinho Villarouco Junior
    + _____
    - Adrian Cardoso Villarouco
    - Paulo Henrique da Conceição
- Hugo Coutinho Villarouco
  + Terezinha de Oliveira Villarouco
  - Vilma Villarouco Santos
  - Valéria Villarouco Santos Silva
    + Ermirio Henrique Santos Silva
    - Luiz Henrique Villarouco Santos Silva
    - Marilia Villarouco Santos Silva
  - Viviane de Oliveira Villarouco Andrade
    + José Mario de Andrade Henrique
    - Mariane Villarouco de Andrade Henrique
    - Giovanna Villarouco de Andrade Henrique
  - Fernanda Maria de Oliveira Villarouco
    + Álvaro Contreras
    - Priscila Andrea Villarouco Contreras

Árvore genealógica

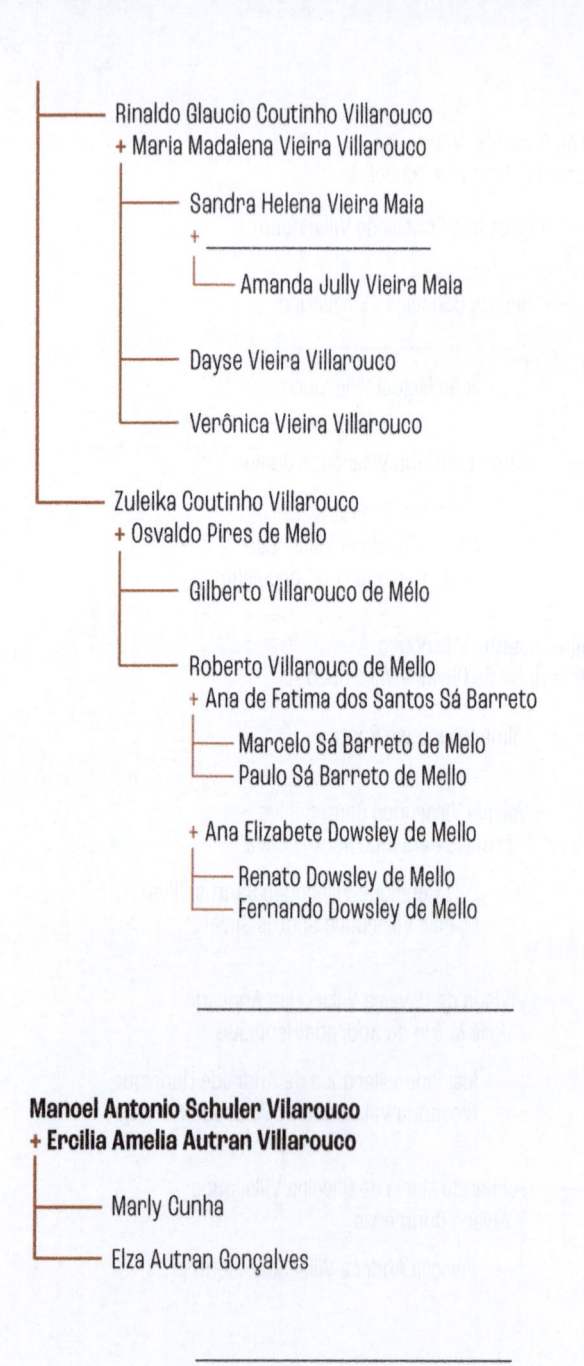

- Rinaldo Glaucio Coutinho Villarouco
  + Maria Madalena Vieira Villarouco
  - Sandra Helena Vieira Maia
    + _____
    - Amanda Jully Vieira Maia
  - Dayse Vieira Villarouco
  - Verônica Vieira Villarouco
- Zuleika Coutinho Villarouco
  + Osvaldo Pires de Melo
  - Gilberto Villarouco de Mélo
  - Roberto Villarouco de Mello
    + Ana de Fatima dos Santos Sá Barreto
    - Marcelo Sá Barreto de Melo
    - Paulo Sá Barreto de Mello
    + Ana Elizabete Dowsley de Mello
    - Renato Dowsley de Mello
    - Fernando Dowsley de Mello

_____

Manoel Antonio Schuler Vilarouco
+ Ercilia Amelia Autran Villarouco
- Marly Cunha
- Elza Autran Gonçalves

Arnaldo Werson
+ Adelina Werson

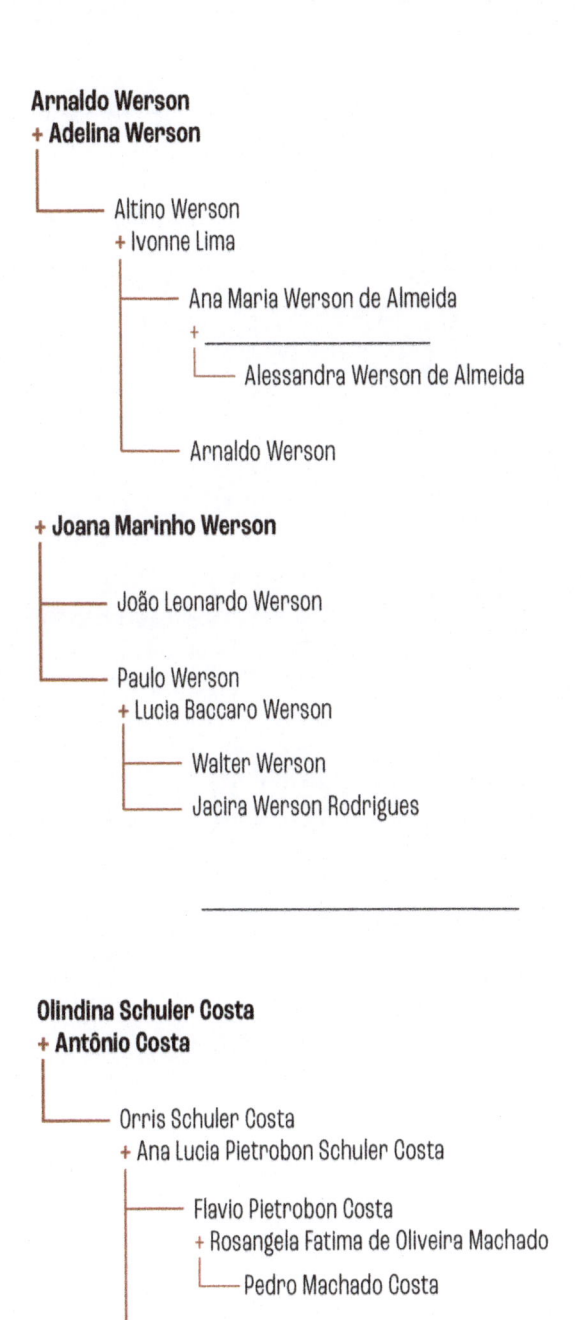

- Altino Werson
  + Ivonne Lima
    - Ana Maria Werson de Almeida
      + _____
        - Alessandra Werson de Almeida
    - Arnaldo Werson

+ Joana Marinho Werson

- João Leonardo Werson

- Paulo Werson
  + Lucia Baccaro Werson
    - Walter Werson
    - Jacira Werson Rodrigues

Olindina Schuler Costa
+ Antônio Costa

- Orris Schuler Costa
  + Ana Lucia Pietrobon Schuler Costa
    - Flavio Pietrobon Costa
      + Rosangela Fatima de Oliveira Machado
        - Pedro Machado Costa
    - Odel Schuler Costa

Árvore genealógica | 117

12
Bibliografia consultada

Todos os excertos de periódicos foram consultados em pesquisas na hemeroteca digital no site da Biblioteca Nacional (http://bndigital.bn.gov.br/hemeroteca-digital/), dos jornais *Diário de Pernambuco*, *Jornal de Recife*, *A Província*, *O Diário Novo* e *Pequeno Jornal*.

1. BANKOFF, G.; LUEBKEN, U.; SAND, J. (org.). *Flammable Cities*: Fire, Urban Environment, and Culture in History. Washington, 15 mai. 2008-17 mai. 2008. Disponível em: hsozkult.de/conferencereport/id/tagungsberichte-2218. Acesso em: 26 mai. 2021.

2. LEUZINGER, T. Y. P. G. *Recenseamento do Brazil em 1872*. Rio de Janeiro,1874. Disponível em: biblioteca.ibge.gov.br/index.php/biblioteca-catalogo?id=225477&view=detalhes. Acesso em: 26 mai. 2021.

3. SWISSINFO.CH. *SUÍÇA terra de miséria*. Disponível em: swissinfo.ch/por/su%C3%AD%C3%A7a-terra-de-mis%C3%A9ria/875200. Acesso em: 26 mai. 2021.

4. DEL PRIORI, M. *Histórias da gente brasileira* — Volume 2: Império. São Paulo: LeYa, 2016.

5. SUMMARY OF THE LAST CENSUS OF SWITZERLAND. *The Journal of the Royal Geographical Society of London*, v. 24, p. 313-318, 1854. Disponível em: jstor.org/stable/pdf/3698124.pdf. Acesso em: 26 mai. 2021.

6. OLIVEIRA, P. S. de. *General Luís do Rego, o mais odiado dos portugueses*. Diário de Pernambuco. Disponível em: blogs.diariodepernambuco.com.br/historiape/index.php/2016/08/15/general-luis-do-rego-o-mais-odiado-dos-portugueses/. Acesso em: 26 mai. 2021.

7. *A HISTÓRIA, as fotos e o mapa do sistema de bondes em Recife*. Disponível em: www.slideshare.net/valdemirfranca/bondes-do-recife-11808186. Acesso em: 26 mai. 2021.

8. HALLEY, B. M. Dos moinhos de açúcar aos sítios de arrabaldes: A formação dos bairros continentais na cidade do Recife. *Revista de Geografia*, v. 30, n. 3, p. 58-81, 2013.

9. DUARTE, J. L. *Recife no tempo da maxambomba (1867-1889)*: o primeiro trem urbano do Brasil. Recife: O autor, 2005.

10. GASPAR, L. *Ruas do Recife*. Disponível em: basilio.fundaj.gov.br/pesquisaescolar./index.php?option=com_content&view=article&id=211&Itemid=1. Acesso em: 26 mai. 2021.

11. *HISTÓRIA da Energia no Estado (Pernambuco)*. Disponível em: https://www.pe-az.com.br/editorias/transporte-e-energia/448-eletricidade. Acesso em: 26 mai. 2021.

12. OLIVEIRA, E. de. À meia-luz: Iluminação artificial doméstica e o acervo MCB. *Núcleo de Preservação, Pesquisa e Documentação*. Acervo revelado, agosto de 2019, n. 101. Disponível em: https://mcb.org.br/wp-content/uploads/2019/09/Artigo_%C3%80-meia-luz.pdf. Acesso em: 26 mai. 2021.

13. *HISTÓRIA da eletricidade no Brasil; Memória da Eletricidade — Eletrobrás*. Disponível em: https://www.memoriadaeletricidade.com.br/. Acessado em: 02 dez. 2020.

14. LEE, K. C.; JOORY, K.; MOIEMEN, N. S. History of burns: The past, present and the future. *Burns Trauma*, v. 2, n. 4, p. 169-80, 2014.

15. ARQUIVO Público do Estado de São Paulo. *Livros de Registros da Hospedaria de Imigrantes*. Disponível em: http://www.arquivoestado.sp.gov.br/site/acervo/memoria_do_imigrante/pesquisa_livros_hospedaria. Acesso em: 26 mai. 2021.

16. SANTOS, W. L. B. dos. *A Escola de Aprendizes-Marinheiros do Ceará*. Publicado em 5 de outubro de 2018. Disponível em: http://brasilianafotografica.bn.br/?p=13194. Acesso em: 21 mar. 2021.

17. WIKIPÉDIA. *População de Rochefort*. Disponível em: https://fr.wikipedia.org/wiki/Rochefort_(Neuch%C3%A2tel). Acesso em: 26 mai. 2021.

18. SITE Oficial de Amsoldigen. Disponível em: https://www.amsoldingen.ch/home. Acesso em: 26 mai. 2021.

19. *ARCHIVES Historiques.* Disponível em: lexpressarchives.ch. Acesso em: 26 mai. 2021.

20. DUPRAZ, C. *Arrivée du Chemin de fer dans les Montagnes*. Disponível em: http://www.cedric-dupraz.ch/cool_timeline/arrivee-chemin-de-fer/?print=print. Acesso em: 21 mar. 2021.

21. LE TEMPS. *Fusion et restructuration en vue pour les journaux neuchâtelois*. Publicado em 18 de outubro de 2017. Disponível em: https://www.letemps.ch/suisse/fusion-restructuration-vue-journaux-neuchatelois. Acesso em: 21 mar. 2021.

22. DUPRAZ, C. *Développement des usines (concentration de la production)*. Disponível em: http://www.cedric-dupraz.ch/

cool_timeline/developpement-usines-concentration-de-production/?print=print. Acesso em: 21 mar. 2021.

23. UNESCO. *La Chaux-de-Fonds/Le Locle Urbanisme horloger. Proposition d'inscription sur la Liste du patrimoine mondial*. Disponível em: https://whc.unesco.org/fr/list/1302/documents/. Acesso em: 26 mai. 2021.

24. FÉDÉRATION de L'industrie Horlogère Suisse. *From the origins to the present Day*. Disponível em: https://www.fhs.swiss/eng/origins.html. Acesso em: 21 mar. 2021.

25. CHAZANOW, E. *The Complete History of the Swiss Watchmaking Industry (2019)*. Disponível em: https://www.livwatches.com/blogs/everything-about-watches/the-complete-history-of-the-swiss-watchmaking-industry. Acesso em: 26 mai. 2021.

26. SILVA, D. N. *Calvinismo*. Disponível em: https://www.historiadomundo.com.br/idade-moderna/calvinismo.htm. Acesso em: 21 mar. 2021.

27. FEDERAL Department of Foreign Affairs. *Switzerland in the 19th Century*. Disponível em: https://www.eda.admin.ch/dam/PRS-Web/en/dokumente/bundesstaat-19.-Jahrh_EN.pdf. Acesso em: 21 mar. 2021.

28. OLIVEIRA, M. A. *A triste história dos irmãos Chevrolet*. Disponível em: https://www.autoentusiastas.com.br/2016/08/triste-historia-dos-irmaos-chevrolet/. Acesso em: 25 mar. 2021.

29. CPDOC — Fundação Getulio Vargas. "Verbete Albino Gonçalves Meira". *Dicionário da Elite Política Republicana (1889-1930)*. Disponível em: http://cpdoc.fgv.br/sites/default/

files/verbetes/primeira-republica/MEIRA,%20Albino%20 Gon%C3%A7alves.pdf. Acesso em: 26 mai. 2021.

30. FERREIRA, I. C. M. F. *Antônio Vicente do Nascimento Feitosa — Um liberal pernambucano*. Disponível em: http://unicap.br/ocs/index.php/coloquiodehistoria/coloquiodehistoriaxix/paper/viewFile/1484/439. Acesso em: 26 mai. 2021.

31. CARVALHO, M. J. M. de. Os nomes da Revolução: Lideranças populares na Insurreição Praieira, Recife, 1848-1849, *Revista Brasileira História*, São Paulo, v. 23, n. 45, jul. 2003. Disponível em: https://www.scielo.br/scielo.php?pid=S0102-01882003000100009&script=sci_arttext&tlng=es. Acesso em: 26 mai. 2021.

32. VAINSENCHER, S. A. *Igreja Matriz da Boa Vista, Recife, PE*. Disponível em: http://basilio.fundaj.gov.br/pesquisaescolar/index.php?option=com_content&view=article&id=678&Itemid=1. Acesso em: 25 mar. 2021.

33. FERNANDES, F. *A história da educação feminina*. Disponível em: http://www.multirio.rj.gov.br/index.php/leia/reportagens-artigos/reportagens/14812-a-hist%C3%B3ria-da-educa%C3%A7%C3%A3o-feminina. Acesso em: 26 mai. 2021.

34. CUNHA, W. D. dos S.; SILVA, R. J. V. A educação feminina do século XIX: Entre a escola e a literatura. *Niterói*, v. 11, n. 1, p. 97-106, 2010.

35. ARAGÃO, S. *Ensaio sobre a casa brasileira do século XIX*. São Paulo: Blucher, 2017.

36. A UNIÃO — Diário Official do Estado. *Reforma de Ricardo Silveira*. Disponível em: https://auniao.pb.gov.br/servicos/arquivo-digital/jornal-a-uniao/decada-de-1910/1917/out-

ubro/a-uniao-27-10-1917.pdf/@@download/file/19171027.pdf. Acesso em: 26 mai. 2021.

37. CALADO, C. T. *Jesuíno Brilhante*: As glórias de um cangaceiro herói ou um bandido procurado pelo Estado. Cajazeiras, 2015.

38. OLIVEIRA, D. M. de. *Nas trilhas do cangaceiro Antônio Silvino*: Tensões, conflitos e solidariedades na Paraíba (1897-1914). Disponível em: dspace.sti.ufcg.edu.br:8080/jspui/handle/riufcg/2046. Acesso em: 26 mai. 2021.

39. MENDONÇA, S. R. *O caçador de lagostas*. São Paulo: Labrador, 2018.

40. AGUIAR, P. O Império das Agências: Territórios, cartel e circulação da informação internacional (1859-1934). *Revista Eptic*, v. 17, n. 12, mai.-ago., 2015. Disponível em: seer.ufs.br/index.php/eptic/article/view/18. Acesso em: 26 mai. 2021.

Lista de figuras:

Figura 1 — Imagem de um brigue. Fonte: Brasil Megulho (Tipos de Navios e Características). Disponível em: https://www.brasilmergulho.com/tipos-de-navios-e-caracteristicas/. Acesso em: 10 mai. 2021.

Figura 2 — Daguerreótipo de Hermann Biow. Disponível em: https://en.wikipedia.org/wiki/Great_fire_of_Hamburg. Acesso em: 10 mai. 2021.

Figura 3 — Luis Schlapriz em Brasiliana Iconografia: Uma parte da Rua D'Aurora e Ponte de S. Isabel (Tirada do Jardim do

Palacio); gravura. Desenhista: Luis Schlappriz. Gravador: Franz Heinrich Carls (1863). Disponível em: https://www.brasilianaiconografica.art.br/obras/rel_content_id/18518/luis-schlappriz. Acesso em: 21 mar. 2021.

Figura 4 — Luis Schlapriz em Brasiliana Iconografia. "Praça da Bôa Vista"; gravura. Desenhista: Luis Schlappriz. Gravador: Franz Heinrich Carls (1863). Disponível em: https://www.brasilianaiconografica.art.br/obras/rel_content_id/18518/luis-schlappriz. Acesso em: 21 mar. 2021.

Figura 5 — Planta da cidade de Recife e seus arrabaldes — organizada pela Repartição das Obras Publicas, 1875. Disponível em: https://gallica.bnf.fr/ark:/12148/btv1b530985443/f1.item.zoom. Acesso em: 10 nov. 2020.

Figura 6 — A história, as fotos e o mapa do sistema de bondes em Recife. Disponível em: https://www.slideshare.net/valdemirfranca/bondes-do-recife-11808186. Acesso em: 10 nov. 2020.

Figura 7 — Jarro de barro da água mineral Selters, como era exportado no fim do século XIX. Site oficial da empresa. Disponível em: https://www.selters.de/legendaere-quelle/aller-anfang/. Acesso em: 18 out. 2020.

Figura 8 — Luis Schlapriz em Brasiliana Iconografia. "Rua da Cruz"; gravura. Desenhista: Luis Schlappriz. Gravador: Franz Heinrich Carls (1863). Disponível em: https://www.brasilianaiconografica.art.br/obras/rel_content_id/18518/luis-schlappriz. Acesso em: 21 mar. 2021.

Figura 9 — Antiga lamparina a querosene, em vidro translúcido e metal. Com suporte para parede. Disponível em: https://www.harpyaleiloes.com.br/peca.asp?ID=646890. Acesso em: 21 mar. 2021.

Figura 10 — Foto da hospedaria dos Imigrantes em 1887 — Museu da Imigração. Disponível em: http://www.museudaimigracao.org.br/sobre-o-mi/historia. Acesso em: 21 mar. 2021.

Figura 11 — Anônimo. Esgrima de baioneta na Escola de Aprendizes Marinheiros do Ceará, 1917. Fonte: Fortaleza, Ceará/Acervo DPHDM. Disponível em: http://brasilianafotografica.bn.br/?p=13194. Acesso em: 14 mar. 2021.

Figura 12 — Trecho de mapa da Suíça. Fonte: Google Maps. Disponível em: https://www.google.com.br/maps/@47.0331837,6.7567229,11.83z. Acesso em: 15 mar. 2021.

Figura 13 — Registro de nascimento de Achille Charles Emile. Em destaque, a profissão do pai: "horloger". Cortesia de Maria de Jesus Schuler, neta do registrado.

Figura 14 — *L'immeuble Côte 18 me semble être celui désigné par la flèche* ("O edifício da Côte 18 parece-me ser o designado pela seta"). Cartão postal de 1901. Cortesia e comentário sobre a foto: Niels Sörensen.

Figura 15 — Casa número 18 da rue de La Côte. Vista pela rue du Rocher em direção ao sul. Cortesia e comentário sobre a foto: Niels Sörensen.

Figura 16 — Vista aérea de La Chaux-de-Fonds, por volta de 1912 (Service d'urbanisme, La Chaux-de-Fonds). La Chaux-de-Fonds/Le Locle Urbanisme horloger. Proposition d'inscription sur la Liste du patrimoine mondial. Disponível em: http://urbanisme-horloger.ch/wp-content/uploads/2017/09/DOSSIER-DE-CANDIDATURE-COMPLET.pdf. Acesso em: 21 mar. 2021.

Figura 17 — Atelier Zénith, cerca de 1910. Fonte: Office fédéral de la culture – Galerie d'images — La Chaux-de-Fonds/Le

Locle. Disponível em: https://ead.nb.admin.ch/web/welterbe/CDF/gross/14.jpg. Acesso em: 21 mar. 2021.

Figura 18 — Port of Le Havre, Claude Monet, 1874. Óleo sobre tela. Fonte: Acervo do Philadelphia Museum of Art. Disponível em: https://www.philamuseum.org/collections/permanent/58675.html. Acesso em: 21 mar. 2021.

Figura 19 — Fachada da igreja da Boa Vista. Aquarela de Rogério Mendes.

Figura 20 — Maxambomba Sobre o Rio Capibaribe — atual Ponte Duarte Coelho — Recife 1900. Disponível em: http://revista.algomais.com/exclusivas/6-retratos-do-recife-nos-tempos-da-maxambomba. Acesso em: 21 mar. 2021.

Figura 21 — Teatro de Santa Isabel. Cartão postal com dedicatória datada de 1904, da coleção Josebias Bandeira. Fonte: FUNDAJ. Autor: Louise Piereck.

Figura 22 — Assinatura de Rufino.

Figura 23 — Antônio Silvino. Disponível em: https://tokdehistoria.com.br/2011/12/04/a-saga-do-cangaceiro-rio-preto/. Acesso em: 21 mar. 2021.

Figura 24 — Pince-nez de ouro. Disponível em: https://www.levyleiloeiro.com.br/peca.asp?ID=259166. Acesso em: 27 mar. 2021.

Figura 25 — Prédio da Intendência Municipal. Cartão postal datado de 1890, da coleção Josebias Bandeira. Fonte: FUNDAJ.

Figura 26 — Assinaturas de George e Maria Antônia.

13
Fotografias

Luis Eduardo Schuler, neto de Joaquina e Leonhard:

Imagem cedida por sua filha Elisabeth Joeira Schuler Ramos.

Leonardo Daniel Schuler, neto de Joaquina e Leonhard:

Imagem cedida por sua neta Cassia Schuler de Melo.

Achille Charles Emile Schuler, neto de Joaquina e Leonhard:

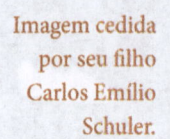

Imagem cedida por seu filho Carlos Emílio Schuler.

Elisabeth Schuler, nascida Indermühle, nora de Joaquina e Leonhard:

Imagem cedida por sua neta Elisabeth Joeira Schuler Ramos.

Joakim Schuler Villarouco, neto de Joaquina e Leonhard, com a esposa Maria Amélia Regis Schuler:

Imagem cedida por seu bisneto Orlando Schuler de Lucena.

Flávia Matilde Lopes, esposa de Rufino, nora de Joaquina e Leonhard:

Imagem cedida por
Flavio Pietrobon Costa

Olindina da Silveira Schuler, neta de Joaquina e Leonhard, em 1975, aos 63 anos:

Imagem cedida por
Flavio Pietrobon Costa

Esta obra foi composta em Minion Pro 11 pt e impressa em papel offset 90 g/m² pela gráfica Meta.